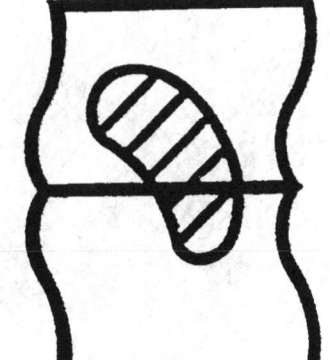

ILLISIBILITE PARTIELLE

NF Z 43-120

TEXTE DETERIORE
RELIURE DEFECTUEUSE

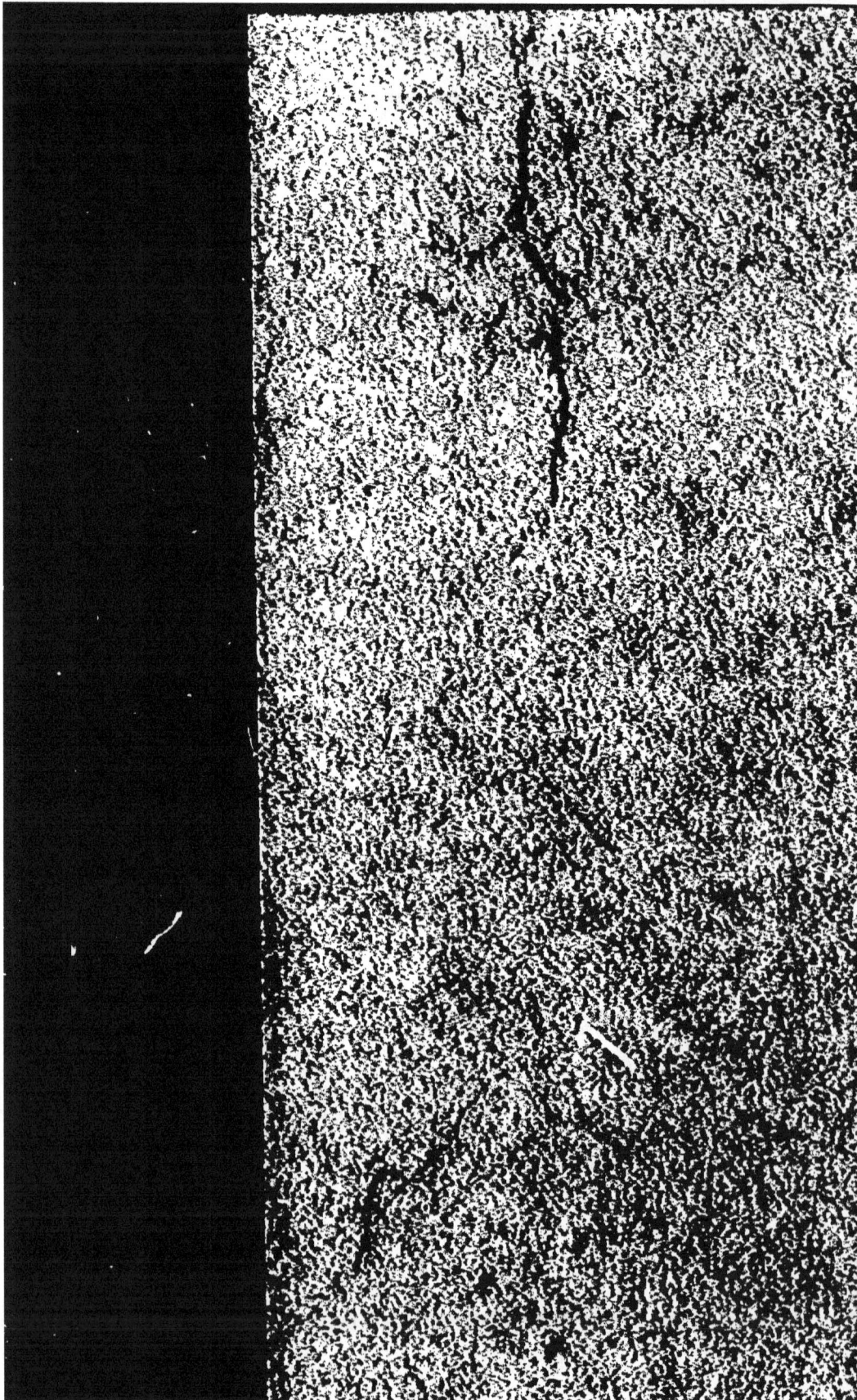

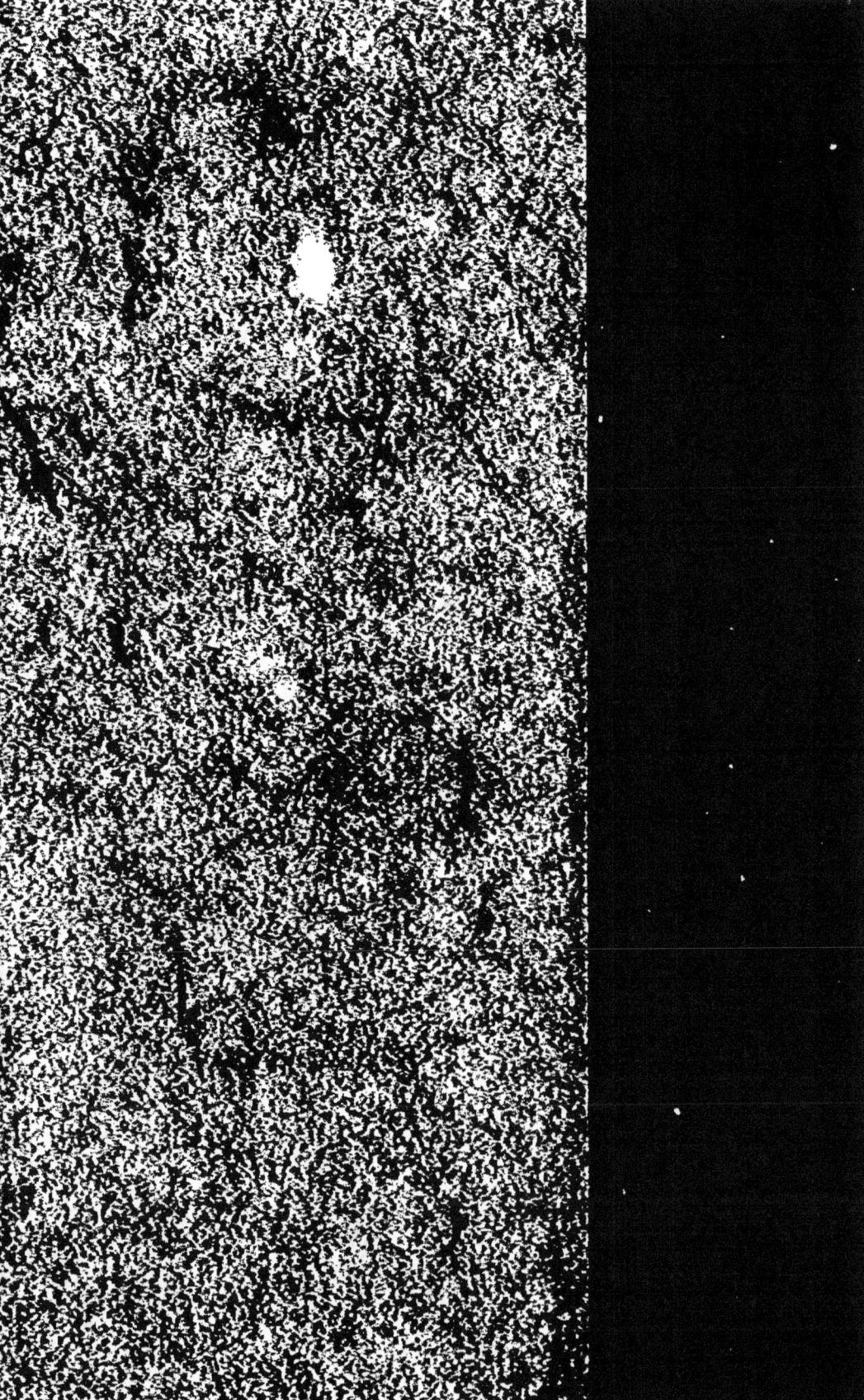

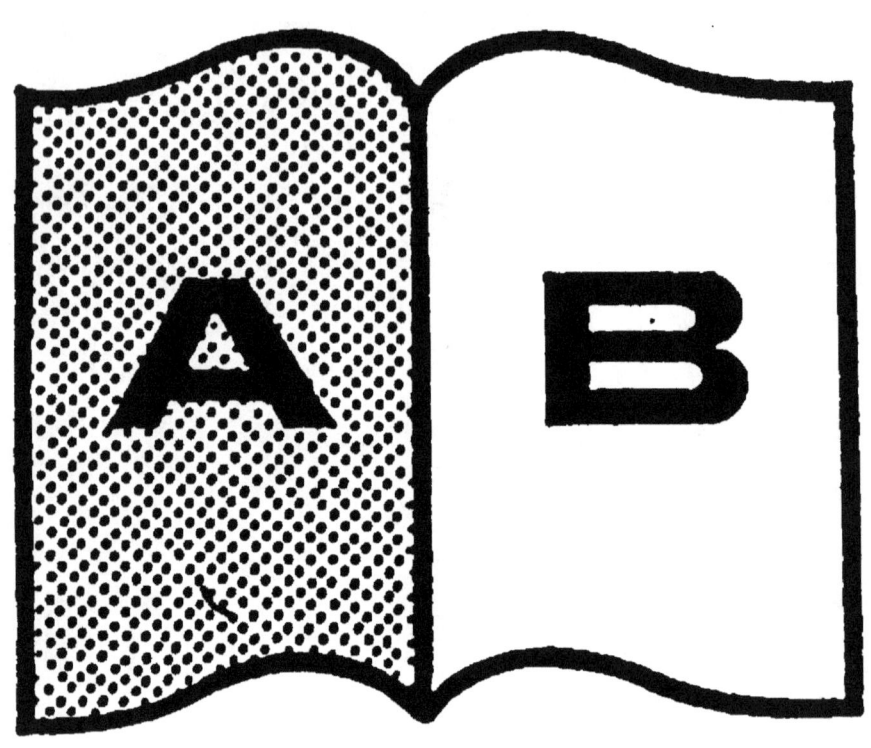

CONTRASTE INSUFFISANT

RISTAN CORBIÈRE

LES
AMOURS JAUNES

ÇA — LES AMOURS JAUNES — RACCROCS
SÉRÉNADE DES SÉRÉNADES
ARMOR — LES GENS DE MER
RONDELS POUR APRÈS

PARIS
LÉON VANIER, LIBRAI
19, QUAI SAINT-MICH

1891

LES
AMOURS JAUNES

TRISTAN CORBIÈRE

LES
AMOURS JAUNES

LES AMOURS JAUNES — RACCROCS
SÉRÉNADE DES SÉRÉNADES
ARMOR — LES GENS DE MER
RONDELS POUR APRÈS

PARIS
LÉON VANIER, LIBRAIRE-ÉDITEUR
19, QUAI SAINT-MICHEL, 19

1891

A L'auteur du NÉGRIER

T. C.

A MARCELLE

LE POÈTE ET LA CIGALE

Un poète ayant rimé,
IMPRIMÉ
Vit sa Muse dépourvue
De marraine, et presque nue :
Pas le plus petit morceau
De vers... ou de vermisseau.
Il alla crier famine
Chez une blonde voisine,
La priant de lui prêter
Son petit nom pour rimer.
(C'était une rime en elle)

— Oh ! je vous pairai, Marcelle,
Avant l'août, foi d'animal !
Intérêt et principal. —
La voisine est très prêteuse,
C'est son plus joli défaut :
Quoi : c'est tout ce qu'il vous faut ?
Votre Muse est bien heureuse...
Nuit et jour, à tout venant,
Rimez mon nom... Qu'il vous plaise !
Et moi j'en serai fort aise.

Voyons : chantes maintenant.

———

PRÉFACE

La première édition des **Amours Jaunes** parut en 1873, chez Glady frères, en volume de luxe à 7 fr. 50. Ce volume devait suivre la mauvaise fortune de ses éditeurs et traîner longtemps sur les quais au rabais, où il serait encore s'il ne fut révélé à Léo Trézenik, alors directeur de *Lutèce*, par Pol Kalig, cousin et grand ami du poète.

Trézenik, enthousiasmé, lut Corbière le soir même à Paul Verlaine, qui commença de suite sa fameuse série des Poètes maudits par l'auteur des **Amours Jaunes**, avec cet élan, cette flamme, cette exaltation littéraire et communicative :

« Tristan Corbière fut un Breton, un marin, et le dédaigneux par excellence, *æs triplex*. Breton sans guère de pratique catholique, mais croyant en diable ; marin ni militaire, ni surtout marchand, mais amoureux furieux de la mer qu'il ne montait que dans la tempête, excessivement fougueux sur ce plus fougueux des chevaux (on raconte de lui des prodiges d'imprudence folle), dédaigneux du Succès et de la Gloire au point qu'il avait l'air de défier ces deux imbéciles d'émouvoir sa pitié pour eux !

« Passons sur l'homme qui fut si haut, et parlons du poète.

« Comme rimeur et comme prosodiste il n'a rien d'impeccable, c'est-à-dire d'assommant. Nul d'entre les Grands comme lui n'est impeccable, à commencer par Homère, qui somnole quelquefois, pour aboutir à Gœthe le très humain, quoi qu'on die, en passant par le plus qu'irrégulier Shakespeare. Les impeccables, ce sont... tels et tels. Du bois, du bois et encore du bois. Corbière était en chair et en os tout bêtement.

« Son vers vit, rit, pleure très peu, se moque bien, et blague encore mieux. Amer d'ailleurs et salé comme son cher Océan, nullement berceur ainsi qu'il arrive parfois à ce turbulent ami, mais roulant comme lui des rayons de soleil, de lune et d'étoiles dans la phosphorescence d'une houle et de vagues enragées !...

« Avant de passer au Corbière, que nous préférons, tout en raffolant des autres, il faut insister sur le Corbière parisien, sur le dédaigneux et le railleur de tout et de tous, y compris lui-même. »

Puis vient ensuite une citation de son

EPITAPHE

Qui se termine ainsi :

. . . .

Pas poseur, posant pour l'unique;
Trop naïf, étant trop cynique;
Ne croyant à rien, croyant tout.
— Son goût était dans le dégoût.

. . . .

Trop soi pour se pouvoir souffrir,
L'esprit à sec et la tête ivre,
Fini, mais ne sachant finir,
Il mourut, en s'attendant vivre
Et vécut, s'attendant mourir.

Ci-gît, — cœur sans cœur, mal planté,
Trop réussi — comme raté.

« Du reste il faudrait citer toute cette partie du volume, et tout le volume, ou plutôt *il faudrait rééditer cette œuvre unique, les* Amours Jaunes, parue en 1873, aujourd'hui introuvable ou presque, où Villon et Piron se complairaient à voir un rival souvent heureux, — et les plus illustres d'entre les vrais poètes contemporains un maître à leur taille, au moins!

. . . .

Après, la citation du superbe sonnet : Heures ;

« Admirons bien humblement, — entre parenthèses, cette langue forte, simple en sa brutalité charmante, correcte étonnamment, cette science, au fond, du vers, cette rime rare sinon riche à l'excès.

« Et parlons cette fois du Corbière plus superbe encore.»
Suivent des fragments du Pardon de Sainte-Anne ;

« ... Mais il nous paraîtrait mal de prendre congé de Corbière sans donner en entier le poème intitulé La Fin, où est toute la Mer.

Qui commence ainsi :

Eh bien, tous ces marins, — matelots, capitaines,
. . . . »

Pour nous, enflammés sans doute par les lignes que l'on vient de lire, nous trouvons aussi que la partie des Amours Jaunes intitulée « Gens de mer » est supérieure à toute littérature ou sinon grandement différente à celle des chantres de la mer les plus célèbres : Hugo, Michelet, Richepin, Loti.

Pas de fond de six pieds ni rats de cimetière:
Eux, ils vont aux requins ! L'âme d'un matelot,
Au lieu de suinter dans vos pommes de terre,
Respire à chaque flot.

. . . .

a..

Cette strophe précédée et suivie d'autres semblables, qui sont là dans ce livre que nous rééditons, selon le vœu de Verlaine, n'est-elle pas admirable! et cette « Lettre du Mexique », où l'âme simple, bonne et héroïque du matelot est là tout entière dans cette lettre annonçant à ses parents, la mort d'un jeune zouave, qui se termine ainsi :

« *Il faut dire à maman : qu'il a fait sa prière,*
Au père : qu'il serait mieux mort dans un combat.
Deux anges étaient là sur son heure dernière :
  Un matelot, un vieux soldat. »

Et le Mousse, et le Douanier :

Ange gardien culotté par les brises,
Pénate des falaises grises,
Vieux oiseau salé du bon Dieu
Qui flânes dans la tempête,
Sans auréole à la tête,
Sans aile à ton habit bleu!...

Et le Phare :

Fier bout de chandelle sauvage
  Plantée au roc!

De son poème sur le douanier garde-côte, Jules Laforgue, dit dans ses notes laissées inachevées : « Il le déguste cet oiseau de mer avec sa poésie au large, faisant ses cent pas, pipe, caban, gris-bleu, dunes, horizons, comme il l'aime, et alors comme il l'admire d'être :

Poète trop senti pour être poétique.

Bohème de l'Océan — chantant le matelot breton libre

et méprisant les terriens. — Picaresque et falot — (a pris ce prénom Tristan : chevalier errant de la triste figure).

Cassant, concis, cinglant le vers à la cravache. Sa préface porte en titre : Ça, noyé en une page blanche. Mais jamais d'ordures, d'obscénités voyantes de commis. Strident comme le cri des mouettes et comme elles jamais las.

A chaque sortie il avertit : vous savez! me prenez pas au sérieux, tout ça c'est fait de chic, je pose. Je vais même vous expliquer comme ça se fabrique.

Quant à l'éternel féminin qu'il appelle « L'éternel madame », madame ce joli mot des cours d'amour du moyen âge.

La femme qui fait des manières :

En serez-vous moins nue,
Les habits bas ! (p. 101).

Deux parties :

Une où *il raconte en vers* sans armatures, ni volutes, qui se désagrégeraient sans le coup de fouet incessant de l'expression mordante et la poigne d'ensemble — sans esthétique — Tout, et surtout du Corbière, mais pas de la poésie et pas du vers, à peine de la littérature.

L'autre plus intime, tout subjectif, replié sur soi ou à Paris ou sur l'eau et très self aussi comme métier sans que ce métier soit riche, — non un art mais une manière — une tenue très chic non une esthétique profonde.

Toujours le mot net — il n'est pas un autre artiste en vers, plus dégagé que lui du langage poétique. Chez les plus forts vous pouvez glaner des chevilles images, soldes poétiques, ici pas une — tout est passé au crible, à l'épreuve de la corde raide.

A une influence romantique, picaresque dans sa jeunesse — pour le reste, dans son volume, pas la moindre trace de *parnassien*, de *Baudelairien*.

Il a un métier sans intérêt plastique — l'intérêt, l'effet est dans le cinglé, la pointe sèche, le calembour, la fringance, le haché romantique. Il est à l'étroit dans le vers — il abonde en — en! en.... en parenthèses, — en monosyllabes — pas un vers à détacher comme beau poétiquement — rien que curieux de formule.

Autrefois la rime et la raison étaient le difficile, — alors on mettait le mot original dans le corps du vers, et la rime arrivait comme elle pouvait, banale, et le plus souvent cheville — on passait sur la rime — on tâchait de se tirer de ses rimes, voilà tout.

Ensuite, on réagit contre cette école et toute la révolution se porta sur leur point faible, la rime. Vous allez voir, tout le dictionnaire va passer à la rime! — et en effet. On fit des vers, en ayant l'œil surtout sur le bout des vers, le reste était oublié. Ce qui fait que les seules idées, les seuls mots personnels, étaient appelés par la rime, — il n'y avait d'effet que dans la rime.

Corbière lui, rime comme ça: *prêter* et *rimer, cousu* et *décousu, maison* et *non, jour* avec *jour* — deux quatrains d'un sonnet faits avec quatre verbes en *ser* et quatre substantifs en *elle!* Un autre sonnet sur deux rimes! — La rime ne lui est jamais tremplin, les entrelacements de féminines et de masculines — il les bouscule — par paresse — dans une pièce six masculines viennent après deux féminines, puis la pièce reprend son alterné régulier. — Souvent ses vers ont une syllabe en trop ou en pas assez. — Cependant jamais une pièce tout en féminines ou tout en masculines — les mots en *ion* ont tantôt une tantôt deux syllabes — cependant il n'osera jamais faire rimer un singulier avec un pluriel — rien de rythmes voulus, sauf un sonnet renversé, p. 59.

Il est trop tiraillé et a trop l'amour de l'ubiquité et des facettes et du papillotant insaisissable et la peur de pouvoir être défini ; — pour se laisser aller au long vers musical qui a toute sa valeur en soi — la moitié de son vers est dans l'intonation, le geste et les grimaces du diseur — et alors il s'ingénie dans son texte à multiplier les lignes de points de suspension, de réticences et d'en allé... les tirets d'arrêt, les virgules, les : d'attention! et doubles points d'interrogation.

Tout lui est tremplin... Il vit de tremplins, sa logique et son art ont pour devise au petit bonheur des tremplins d'idées ou de mots.

Il voyait trop — et voir est un aveuglement (p. 121).

Bien aimée vient sous sa plume — si je mettais mal aimée.

C'est cela, c'est une idée.

Il gambille, fait des moulinets, fait le borgne, le lépreux, l'amateur, le feu-follet des mares de Bretagne, narguant tous les octrois de la littérature, tous les douaniers de la critique, il croise le long des côtes, le long des corbières, pour l'amour de l'art.

Il veut être indéfini, incatalogable, pas être aimé, pas être haï — bref *déclassé* de toutes les latitudes, de toutes les mœurs, en deçà et au delà des Pyrénées.

Lui n'est pas de chez nous — c'est un insaisissable et boucané corsaire *hardi* à la course.

Partout il a du nerf, — et des détentes de flamberges.
Nous donnons là une partie des notes de Laforgue sur

Corbière, publiées récemment par les Entretiens politiques et littéraires, pour établir un curieux rapprochement entre ces lignes d'analyste et de froid disséqueur et celles si belles d'emballement signées Paul Verlaine.

Jules Laforgue avait sur le cœur certain article de *Lutèce* où Trézenik le traitait, à propos de ses COMPLAINTES, de DÉCADENT DE CORBIÈRE.

« M. Jules Laforgue trempé, imbu, sursaturé de Corbière, a poussé jusqu'à l'extravagance le procédé de l'auteur des *Amours jaunes*.

« Corbière, menfoutiste bien avant que Lutèce inventât le mot, blague tout et jusqu'à lui-même. M. Laforgue, lui, raille aussi, mais amèrement. On sent qu'il a la foi, qu'il croit *à sa mission* et ce plomb alourdit l'impertinence que son dédain veut lancer au nez du siècle. »

« Là où Corbière s'auréole d'une brume légère, dans les volutes de laquelle les initiés se retrouvent, M. Laforgue se complait à siéger dans une bouteille à l'encre de la plus indéniable opacité..... Peut-être, pour comprendre, faudrait-il avoir suivi le poète partout où il a puisé l'inspiration de ses étranges poèmes. Il est à présumer au moins que si l'on connaissait les circonstances de lieu on arriverait à lire entre les lignes.

Chez Corbière, il y a beaucoup de ça. Bon nombre de ses vers, très obscurs à première vue, sont aisément explicables lorsqu'on connaît les circonstances de sa vie, où ils furent écrits[1]. »

Laforgue, piqué au vif, répliqua à Lutèce ainsi :

« Tout le monde me jette Corbière à la tête. Laissez-moi vous confier pour la forme, que mes COMPLAINTES étaient chez Vanier six mois avant la publication des POÈTES MAUDITS et que je n'ai tenu le volume des *Amours*

---

[1] Va paraître bientôt une étude sur Corbière de Pol Kalig, son cousin et ami.

jaunes qu'en juin dernier (1885) un rare exemplaire procuré par Vanier.

« Ceci confié, je me reconnais décidément un grain de cousinage d'humeur avec l'adorable et irréparable feu Corbière. Je vais publier une étude dévouée sur son œuvre, et me reportant à mes COMPLAINTES, je crois pouvoir démontrer ceci:

« Si j'ai l'âme de Corbière un peu, c'est dans sa nuance bretonne et c'est naturel'; quant à ses procédés, point n'en suis; ce sont, triplés et plus spontanés, ceux d'*Anatole de Manette Salomon*, de *Banville*, de *Charles Demailly*, des frères *Zemganno* et des pitres déchirants de la FAUSTIN.

« Corbière a du chic et j'ai de l'humour; Corbière papillote et je ronronne; je vis d'une philosophie absolue et non de tics; je suis bon à tous et non insaisissable de fringance; je n'ai pas l'amour jaune, mais blanc et violet gros deuil: — enfin, Corbière ne s'occupe ni de la strophe, ni des rimes (sauf comme tremplin à concetti) et jamais de rythmes, et je m'en suis occupé au point d'en apporter de nouvelles et de nouveaux; — j'ai voulu faire de la symphonie et de la mélodie, et Corbière joue de l'éternel crin-crin que vous savez. » . . . .

(Lutèce, 4 octobre 1885.)

Il était difficile de parler de Corbière sans parler de Verlaine, Trézenik, Laforgue et Pol Kalig.

En attendant les notes sur Corbière promises, nous allons terminer par quelques renseignements biographiques qui réfuteront des biographies erronées et des suppositions fausses. Laforgue dit : « Son suicide (?) pique une tête. » C'est faux. Olivier de Gourcuff (Les Poètes

' Jules Laforgue né à Montevideo, était d'origine bretonne, il mourut à Paris en 1887 à l'âge de 27 ans.

Bretons, notices et extraits) le fait mourir dans un asile d'aliénés. Encore plus faux. Voici cette fois sur le poète qui nous occupe, quelques détails biographiques exacts:

Tristan Corbière, de son vrai nom, Edouard Corbière, comme son père, l'auteur du *Négrier* et de nombreux romans maritimes, est né à Morlaix en 1845. « Il s'appelait Edouard, nous écrit sa mère, il lui fallait un nom plus excentrique, comme lui-même, et écrivait sous le pseudonyme de Tristan Corbière. Ce fils aurait pu faire notre gloire, s'il n'avait été entraîné, flatté, gâté dans le monde des artistes à Paris! Les dessinateurs, les peintres (il fréquenta entre autres: Desboutins, Hamon, Besnard) estimaient tout ce qu'il faisait. Ses improvisations, ses caricatures lui donnaient ses entrées partout. Il est mort à l'âge de trente ans d'une fluxion de poitrine qu'il a prétendu guérir dans la rue, à Paris par un grand froid d'hiver! Il nous a fallu le perdre et son malheureux père ne lui a survécu que quelques mois! »

Le père de Corbière est mort à quatre-vingts ans ne laissant qu'une fille mariée à un négociant de Morlaix qui nous a autorisé, et nous l'en remercions ici, à ressusciter l'œuvre de son beau-frère. Corbière avait publié une grande partie de ses vers dans la *Vie parisienne* sous la signature de *Tristan*. Entre autres pièces la pastorale de Conlie parut dans le n° du 24 mai 73; d'autres vers parurent également dans ce journal cette année-là. Il était caricaturiste et aquafortiste. C'est lui qui dessina et grava l'étrange eau-forte, son portrait, paru en tête de la première édition des *Amours jaunes*. Il jouait aussi de la vielle dans la perfection.

Quelques notes trouvées dans *la Plume* et signées Vincent Huet : « Tristan Corbière commença ses études à Morlaix; il était d'un caractère fantasque. Pour ne pas aller à l'école, il s'administrait des drogues qui pour être inoffensives n'en détérioraient pas moins son tempérament :

« Pauvre enfant! disait sa mère, qui le plaignait sincèrement, repose-toi et ne te tracasse pas à cause de tes devoirs. » Alors Tristan prenait un air désespéré, se frappait le front, murmurant : « Pourtant... je sens qu'il y a quelque chose là ! »

« Lorsqu'il eut atteint un certain âge, il vint à Paris et ne fit plus que de rares apparitions en province.

« Moralement, la nature l'avait admirablement doué, physiquement elle lui avait refusé toute espèce de satisfaction de vanité. Au fond de lui-même, il dut en éprouver un amer déplaisir, mais il affectait d'en rire, il se plaisait même à se défigurer encore. (Je suis si laid! — page 80.) Un jour on le voyait arriver la tête, le visage, les sourcils rasés. Ainsi, il était affreux à voir. Une autre fois il disparut pendant quelques semaines, puis il revint avec une barbe en pointe tout à fait satanique.

« Blasé très jeune, atteint d'une sorte de spleen, son père, afin de le distraire, lui fit construire un sloop de plaisance. A partir de ce moment, il fut toujours en mer, ne couchant plus que dans un hamac, et toujours vêtu en matelot, avec le suroît, la grosse capote et les larges bottes de bord. Il était écrasé sous cet accoutrement!

« Un ami vint le trouver un jour à Roscoff. On fit une promenade en mer. Entre Roscoff et l'île de Batz, il y a un courant très fort et la passe est extrêmement dangereuse. Son ami, en causant lui dit : « Je serais curieux de faire naufrage une fois dans ma vie, afin de connaître les sensations que l'on doit éprouver et d'en parler en connaissance de cause... »

« Corbière nota cette imprudente confidence.

« En rentrant à Roscoff, il lança son esquif dans le courant donna un faux coup de barre, et l'embarcation alla se briser sur les rochers. Une fois à l'eau tous deux, ils finirent quand même par se tirer d'affaire. — « Comment, lui dit son ami, en prenant pied sur le récif, vous ne saviez donc pas mieux que ça votre chenal? » — Mais si, lui répondit-il, seulement, comme vous souhaitiez de faire naufrage et que je suis votre hôte, mon devoir était de satisfaire votre curiosité en mettant le comble à vos désirs! »

A Paris, Tristan avait pour logis une chambre, pour tout meuble, un coffre en bois sur lequel il couchait tout habillé. Sur la cheminée traînaient par moments des louis, en prenait qui voulait. (De la fortune et pas le sou.)

Quand il fut pris par la fluxion de poitrine qui devait l'emporter il se fit conduire à la maison Dubois et écrivit à sa mère, qui vint aussitôt le chercher pour le ramener à Morlaix : « Je suis à Dubois dont on fait les cercueils! » Il est mort à Morlaix en 1875, à l'âge de trente ans. Le portrait dessiné par Luque pour les Poètes Maudits est suffisamment exact.

Voici pour finir quatre pièces dont les trois premières sont des variantes de pièces ici publiées, la quatrième est inédite.

1° *Épitaphe* (variante).
2° *Sonnet* (variante).
3° *Aquarelle* (variante).
4° *Sous un portrait* (inédite).

Un jeune poète voulant dernièrement faire passer dans une revue littéraire un article sur Corbière, se le vit refuser sous ce prétexte que l'on trouvait notre poète *trop désinvolte!*

L. V.

ÉPITAPHE

POUR

TRISTAN JOACHIM-EDOUARD CORBIÈRE, PHILOSOPHE

ÉPAVE, MORT-NÉ

Mélange adultère de tout :
De la fortune et pas le sou,
De l'énergie et pas de force,
La liberté, mais une entorse.
Du cœur, du cœur! de l'âme, non —
Des amis, pas un compagnon,
De l'idée et pas une idée,
De l'amour et pas une aimée,
La paresse et pas le repos.
Vertus chez lui furent défaut,
Ame blasée inassouvie.
Mort, mais pas guéri de la vie,
Gâcheur de vie hors de propos
Le corps à sec et la tête ivre,
Espérant, niant l'avenir,
Il mourut en s'attendant vivre
Et vécut s'attendant mourir.

(Variante p. 13.

SONNET

Je vais faire un sonnet; des vers en uniforme
Emboîtant bien le pas, par quatre, en peloton,
Sur du papier réglé, pour conserver la forme,
Je sais ranger les vers et les soldats de plomb.

Je sais faire un sonnet; jadis, sans que je dorme,
J'ai mis des dominos en file, tout au long,
J'ai suivi mainte allée épinglée où chaque orme
Rêvait être de zinc et posait en jalon.

Je vais faire un sonnet; et toi, viens à mon aide,
Que ton compas m'inspire, ô muse d'Archimède,
Car l'âme d'un sonnet c'est une addition.

1 2 3 4, et puis 4 : 8, je procède
Ensuite 3 par 3 — tenons Pégase raide !
O lyre ! ô délire ! oh ! — assez ! attention.

(Variante, p. 28.)

AQUARELLE

LE MATIN. EFFET DE PRINTEMPS

APPAREILLAGE DE CORSAIRE, DE LA RADE DE BINIC

> Roul' la boss', tout est payé,
> Hiss' le grand foc, hiss' le grand foc !

Quatre-vingts corsairiens, des corsairiens de proie
Avaient leur chique à bord de la *Fille de Joie*,
Une belle goélette, écumeuse d'Anglais.
..... Et l'on appareillait — un tout petit vent frais
Soulevait doucement la chemise d'Aurore.
L'écho des cabarets hurlait à terre encore
Et tous à bord chantaient, en larguant les huniers,
Comme des perroquets perchés dans des palmiers.
    Ils avaient passé là quatre nuits de liesse
La moitié sous la table et moitié sur l'hôtesse.
    Adieu, la belle, adieu ! — Va pour courir bon bord,
Va, la *Fille de Joie !* au nord-est-quart de nord !...
    Et la *Fille de Joie* en frisottant l'écume,
Comme un fantôme blanc se couchant dans la brume,
Et le grand flot du large en sursaut égayé
Mugissait en courant déferler sur le roc :
  « Hisse le grand foc, hisse le grand foc,
  « Roule ta bosse, tout est payé,
  « Hiss' le grand foc !!!...

(Variante : *Aurora*, p. 236.)

SOUS UN PORTRAIT DE CORBIÈRE

EN COULEURS FAIT PAR LUI ET DATÉ DE 1868

    Jeune philosophe en dérive
    Revenu sans avoir été,
    Cœur de poète mal planté :
    Pourquoi voulez-vous que je vive ?

L'amour !... je l'ai rêvé, mon cœur au grand ouvert
Bat comme un volet en pantenne
Habité par la froide haleine
Des plus bizarres courants d'air ;
Qui voudrait s'y jeter ?... pas moi si j'étais ELLE !...
Va te coucher, mon cœur, et ne bats plus de l'aile.

J'aurais voulu souffrir et mourir d'une femme,
M'ouvrir du haut en bas et lui donner en flamme,
Comme un punch, ce cœur-là chaud sous le chaud soleil...

Alors je chanterais (faux, comme de coutume)
Et j'irais me coucher seul dans la trouble brume
Eternité, néant, mort, sommeil, ou réveil.

Ah si j'étais un peu compris ! Si par pitié
Une femme pouvait me sourire à moitié,
Je lui dirais : oh viens, ange qui me consoles !...
. . . .
... Et je la conduirais à l'hospice des folles.

On m'a manqué ma vie !... une vie à peu près ;
Savez-vous ce que c'est : regardez cette tête.
Dépareillé partout, très bon, plus mauvais, très
Fou, ne me souffrant .. Encor si j'étais bête !

La mort... ah oui, je sais : cette femme est bien froide,
Coquette dans la vie ; après, sans passion.
Pour coucher avec elle il faut être trop roide...
Et puis, la mort n'est pas, c'est la négation.

Je voudrais être un point époussété des masses,
Un point mort balayé dans la nuit des espaces,
    ... Et je ne le suis point !

Je voudrais être alors chien de fille publique,
Lécher un peu d'amour qui ne soit pas payé ;
Ou déesse à tous crins sur la côte d'Afrique,
Ou fou, mais réussi ; fou, mais pas à moitié.

                              (Inédit.)

ÇA ?

> What ?......
>
> (SHAKESPEARE.)

Des essais ? — Allons donc, je n'ai pas essayé !
Etude ? — Fainéant je n'ai jamais pillé.
Volume ? — Trop broché pour être relié...
De la copie ? — Hélas non, ce n'est pas payé !

Un poème ? — Merci, mais j'ai lavé ma lyre.
Un livre ? —... Un livre, encor, est une chose à lire !...
Des papiers ? — Non, non, Dieu merci, c'est cousu !
Album ? — Ce n'est pas blanc, et c'est trop décousu.

Bouts-rimés ? — Par quel bout?... Et ce n'est pas joli !
Un ouvrage ? — Ce n'est poli ni repoli.
Chansons ? — Je voudrais bien, ô ma petite Muse !...
Passe-temps ? — Vous croyez, alors, que ça m'amuse ?

— Vers ?... vous avez flué des vers... — Non, c'est heurté.
— Ah, vous avez couru l'Originalité ?...
— Non... c'est une drôlesse assez drôle, — *de rue* —
Qui court encor, sitôt qu'elle se sent courue.

— Du *chic* pur ? — Eh qui me donnera des ficelles !
— Du hautvol? Du haut-mal ? — Pas de râle, ni d'ailes !
— Chose à mettre à la porte ? — ... Ou dans une maison
De tolérance. — Ou bien de correction ? — Mais non !

— Bon, ce n'est pas classique? — A peine est-ce français !
— Amateur ? — Ai-je l'air d'un monsieur à succès?
Est-ce vieux ? — Ça n'a pas quarante ans de service...
Est-ce jeune ? — Avec l'âge, on guérit de ce vice.

... ÇA c'est naïvement une impudente *pose* ;
C'est, ou ce n'est pas *ça* ; rien ou quelque chose.,
— Un chef-d'œuvre ? — Il se peut : je n'en ai jamais fait.
— Mais, est-ce du huron, du Gagne, ou du Musset ?

— C'est du... mais j'ai mis là mon humble nom d'auteur.
Et mon enfant n'a pas même un titre menteur.
C'est un coup de raccroc, juste ou faux, par hasard...
L'Art ne me connait pas. Je ne connais pas l'Art.

Préfecture de police. 20 *mai* 1873.

PARIS

Bâtard de Créole et Breton,
Il vint aussi là — fourmilière,
Bazar où rien n'est en pierre,
Où le soleil manque de ton.

— Courage ! On fait queue... Un planton
Vous pousse à la chaine — derrière ! —
... Incendie éteint, sans lumière ;
Des seaux passent, vides ou non. —

Là, sa pauvre Muse pucelle
Fit le trottoir en *demoiselle*,
Ils disaient : Qu'est-ce qu'elle vend ?

— Rien. — Elle restait là, stupide,
N'entendant pas sonner le vide
Et regardant passer le vent...

Là : vivre à coups de fouet ! — passer
En fiacre, en correctionnelle ;
Repasser à la ritournelle,
Se dépasser, et trépasser !...

— Non, petit, il faut commencer
Par être grand — simple ficelle —
Pauvre : remuer l'or à la pelle ;
Obscur : un nom à tout casser !...

Le coller chez les mastroquets,
Et l'apprendre à des perroquets
Qui le chantent ou qui le sifflent...

— Musique ! — C'est le paradis
Des mahomets ou des houris,
Des dieux souteneurs qui se giflent !

« Je voudrais que la rose. — Dondaine!
« Fût encore au rosier. — Dondé! »

Poète. — Après!... Il faut *la chose :*
Le Parnasse en escalier,
Les Dégoûteux, et la Chlorose,
Les Bedeaux, les Fous à lier...

L'Incompris couche avec sa pose,
Sous le zinc d'un mancenillier ;
Le Naïf *« voudrait que la rose,
Dondé ! fût encore au rosier ! »*

« *La rose au rosier, Dondaine!* »
— On a le pied fait à sa chaine.
« *La rose au rosier* »... — Trop tard ! —

... *La rose au rosier* »... — Nature !
— On est essayeur, pédicure,
Ou quelque autre chose dans l'art !

J'aimais... — Oh, ça n'est plus de vente !
Même il faut payer : dans le tas,
Pioche la femme ! — Mon amante
M'avait dit : « Je n'oublirai pas.. »

... J'avais une amante là-bas
Et son ombre pâle me hante
Parmi des senteurs de lilas ..
Peut-être Elle pleure... — Eh bien : chante,

Pour toi, tout seul, ta nostalgie,
Tes nuits blanches sans bougie...
Tristes vers, tristes au matin !...

Mais ici : fouette-toi d'orgie !
Charge ta paupière rougie,
Et sors ton grand air de catin !

C'est la bohême, enfant : Renie
Ta lande et ton clocher à jour,
Les mornes de ta colonie
Et les *bamboulas* au tambour.

Chanson usée et bien finie,
Ta jeunesse... Eh, c'est bon un jour !...
Tiens : — C'est toujours neuf — calomnie
Tes pauvres amours... et l'amour.

Evohé ! ta coupe est remplie !
Jette le vin, garde la lie...
Comme ça. — Nul n'a vu le tour.

Et qu'un jour le monsieur candide
De toi dise — Infect ! Ah splendide ! —
... Ou ne dise rien. — C'est plus court.

1.

Evohé ! fouaille la veine ;
Evohé ! misère : Eblouir !
En fille de joie, à la peine
Tombe, avec ce mot-là. — Jouir!

Rôde en la coulisse malsaine
Où vont les fruits mal secs moisir,
Moisir pour un quart d'heure en scène...
— *Voir les planches, et puis mourir !*

Va : tréteaux, lupanars, églises,
Cour des miracles, cour d'assises :
— Quarts d'heure d'immortalité !

Tu parais ! c'est l'apothéose !!!...
Et l'on te jette quelque chose :
— Fleur en papier, ou saleté. —

Donc, la *tramontane* est montée ;
Tu croiras que c'est arrivé !
Cinq-cent-millième Prométhée,
Au roc de carton peint rivé.

Hélas : quel bon oiseau de proie,
Quel vautour, quel *Monsieur Vautour*
Viendra mordre à ton petit foie
Gras, truffé ? pour quoi — Pour le four !...

Four banal !..., Adieu la curée ! —
Ravalant ta rate rentrée,
Va, comme le pélican blanc,

En écorchant le chant du cygne,
Bec jaune, te percer le flanc !...
Devant un pêcheur à la ligne.

Tu ris. — Bien ! — Fais de l'amertume,
Prends le pli, Méphisto blagueur.
De l'absinthe ! et ta lèvre écume...
Dis que cela vient de ton cœur.

Fais de toi ton œuvre posthume,
Châtre l'amour... l'amour — longueur !
Ton poumon cicatrisé hume
Des miasmes de gloire, ô vainqueur !

Assez, n'est-ce pas ? va-t'en !
       . Laisse
Ta bourse — dernière maîtresse —
Ton revolver — dernier ami...

Drôle de pistolet fini !
... Ou reste, et bois ton fond de vie,
Sur une nappe desservie...

ÉPITAPHE

> Sauf les amoureux commençans ou finis qui peuvent commencer par la fin il y a tant de choses qui finissent par le commencement que le commencement commence à finir par être la fin, la fin en sera que les amoureux et autres finiront par commencer à recommencer par ce commencement qui aura fini par n'être que la fin retournée ce qui commencera par être égal à l'éternité qui n'a ni fin ni commencement et finira par être aussi finalement égal à la rotation de la terre où l'on aura fini par ne distinguer plus où commence la fin d'où finit le commencement ce qui est toute fin de tout commencement égale à tout commencement de toute fin ce qui est le commencement final de l'infini défini par l'indéfini. — Égale une épitaphe égale une préface et réciproquement.
>
> (SAGESSE DES NATIONS.)

Il se tua d'ardeur, on mourut de paresse.
S'il vit, c'est par oubli ; voici ce qu'il se laisse :

— Son seul regret fut de n'être pas sa maîtresse. —

ÉPITAPHE

Il ne naquit par aucun bout,
Fut toujours poussé vent-de-bout,
Et fut un arlequin-ragoût,
Mélange adultère du tout.

Du *je-ne-sais-quoi*. — Mais ne sachant où ;
De l'or, — mais avec pas le sou ;
Des nerfs, — sans nerf. Vigueur sans force ;
De l'élan, — avec une entorse ;
De l'âme, — et pas de violon ;
De l'amour, — mais pire étalon.
— Trop de noms pour avoir un nom. —

Coureur d'idéal, — sans idée ;
Rime riche, — et jamais rimée ;
Sans avoir été, — revenu ;
Se retrouvant partout perdu.

Poète, en dépit de ses vers ;
Artiste sans art, — à l'envers,
Philosophe, — à tort à travers.

Un drôle sérieux, — pas drôle.
Acteur, il ne sut pas son rôle ;

ÉPITAPHE

Peintre : il jouait de la musette ;
Et musicien : de la palette.

Une tête ! mais pas de tête ;
Trop fou pour savoir être bête ;
Prenant pour un trait le mot *très*.
— Ses vers faux furent ses seuls vrais.

Oiseau rare — et de pacotille ;
Très mâle..., et quelquefois très *fille*;
Capable de tout, — bon à rien ;
Gâchant bien le mal, mal le bien.
Prodigue comme était l'enfant
Du Testament, — sans testament.
Brave, et souvent, par peur du plat,
Mettant ses deux pieds dans le plat.

Coloriste enragé, — mais blême ;
Incompris... — surtout de lui-même ;
Il pleura, chanta juste faux ;
— Et fut un défaut sans défauts.

Ne fut *quelqu'un*, ni quelque chose
Son naturel était la *pose*.

ÉPITAPHE

Pas poseur, posant pour *l'unique;*
Trop naïf, étant trop cynique;
Ne croyant à rien, croyant tout.
— Son goût était dans le dégoût.

Trop crû, — parce qu'il fut trop cuit,
Ressemblant à rien moins qu'à lui,
Il s'amusa de son ennui,
Jusqu'à s'en réveiller la nuit.
Flâneur au large, — à la dérive,
Épave qui jamais n'arrive...

Trop *Soi* pour se pouvoir souffrir,
L'esprit à sec et la tête ivre,
Fini, mais ne sachant finir,
Il mourut en s'attendant vivre
Et vécut, s'attendant mourir.

Ci-gît, — cœur sans cœur, mal planté,
Trop réussi — comme *raté.*

LES AMOURS JAUNES

A L'ÉTERNEL MADAME

Mannequin idéal, tête-de-turc du leurre,
Éternel Féminin !... repasse les fichus ;
Et viens sur mes genoux, quand je marquerai l'heure,
Me montrer comme on fait chez vous, anges déchus.

Sois pire, et fais pour nous la joie à la malheure,
Piaffe d'un pied léger dans les sentiers ardus.
Damne-toi, pure idole ! et ris ! et chante ! et pleure,
Amante ! Et meurs d'amour !... à nos moments perdus.

Fille de marbre ! en rut ! sois folâtre !... et pensive.
Maîtresse, chair de moi ! fais-moi vierge et lascive...
Féroce, sainte, et bête, en me cherchant un cœur...

Sois femelle de l'homme, et sers de Muse, ô femme,
Quand le poète brave en *Ame, en Lame, en Flamme!*
Puis — quand il ronflera — viens baiser ton Vainqueur !

FÉMININ SINGULIER

Éternel Féminin de l'éternel Jocrisse !
Fais-nous sauter, pantins nous payons les décors !
Nous éclairons la rampe... Et toi, dans la coulisse,
Tu peux faire au pompier le pur don de ton corps.

Fais claquer sur nos dos le fouet de ton caprice,
Couronne tes genoux !... et nos têtes dix-cors ;
Ris ! montre tes dents !... mais,.. nous avons la police,
Et quelque chose en nous d'eunuque et de recors.

...Ah tu ne comprends pas ?... — Moi non plus — Fais la belle
Tourne : nous sommes soûls ! Et plats : Fais la cruelle !
Cravache ton pacha, ton humble serviteur !...

Après, sache tomber ! — mais tomber avec grâce —
Sur notre sable fin ne laisse pas de trace !...
— C'est le métier de femme et de gladiateur. —

BOHÊME DE CHIC

Ne m'offrez pas un trône !
A moi tout seul je fris,
Drôle, en ma sauce jaune
De *chic* et de mépris.

Que les bottes vernies
Pleuvent du paradis,
Avec des parapluies...
Moi, va-nu-pieds, j'en ris !

— Plate époque râpée,
Où chacun a du bien ;
Où, cuistre sans épée,
Le vaurien ne vaut rien !

Papa, — pou, mais honnête, —
M'a laissé quelques sous,
Dont j'ai fait quelque dette,
Pour me payer des poux !

Son habit, mis en perce,
M'a fait de beaux haillons
Que le soleil traverse ;
Mes trous sont des rayons

Dans mon chapeau, la lune
Brille à travers les trous,
Bête et vierge comme une
Pièce de cent sous !

— Gentilhomme !... à trois queues :
Mon nom mal ramassé
Se perd à bien des lieues
Au diable du passé !

Mon blason, — pas bégueule,
Est, comme moi, laquin :
— *Nous bandons à la gueule,
Fond troué d'arlequin.* —

Je pose aux devantures
Où je lis : — DÉFENDU
DE POSER DES ORDURES —
Roide comme un pendu !

Et me plante sans gêne
Dans le plat du hasard,
Comme un couteau sans gaine
Dans un plat d'épinard.

Je lève haut la cuisse
Aux bornes que je vois :
Potence, pavé, suisse,
Fille, priape ou roi !

Quand, sans tambour ni flûte,
Un servile estafier
Au violon me culbute,
Je me sens libre et fier !...

Et je laisse la vie
Pleuvoir sans me mouiller,
En attendant l'envie
De me faire empailler,

— Je dors sous ma calotte,
La calotte des cieux ;
Et l'étoile pâlotte
Clignote entre mes yeux.

Ma Muse est grise ou blonde...
Je l'aime et ne sais pas;
Elle est à tout le monde...
Mais — moi seul — je la bats !

A moi ma Chair-de-poule !
A toi ! Suis-je pas beau,
Quand mon baiser te roule
A crû dans mon manteau !...

Je ris comme une folle
Et sens mal aux cheveux,
Quand ta chair fraiche colle
Contre mon cuir lépreux !

Jérusalem. — Octobre.

GENTE DAME

Il n'est plus, ô ma Dame,
D'amour en cape, en lame,
    Que Vous !...
De passion sans obstacle,
Mystère à grand spectacle,
    Que nous !...

Depuis les *Tour de Nesle*
Et les *Château de Presle*,
    Temps frais,
Où l'on couchait en Seine
Les galants pour leur peine.
    — Après, —

Quand vous êtes *Frisette*,
Il n'est plus de grisette
    Que toi !...
Ni de rapin farouche,
Pur Rembrandt sans retouche,
    Que moi !

Qu'il attende, Marquise,
Au grand mur de l'église
    Flanqué,
Ton bon coupé vert sombre :
Comme un bravo dans l'ombre,
    Masqué.

— A nous ! — J'arme en croisière
Mon fiacre-corsaire,
    Au vent,
Bordant, comme une voile,
Le store qui nous voile :
    — Avant !...

— Quartier-dolent — tourelle
Tout au haut de l'échelle...
    Quel pas !
— Au sixième — Eh ! madame,
C'est tomber sur son âme !
    Bien bas !

Au grenier poétique,
Où gîte le classique
    Printemps,

Viens courre, aventurière,
Ce lapin de gouttière :
    Vingt-ans !

Ange, viens pour ton hère
Jouer à la misère
    Des dieux !
Pauvre diable à ficelles,
Lui, joue avec tes ailes,
    Aux cieux !

Viens, Béatrix du Dante,
Mets dans ta main charmante
    Mon front...
Ou passe, en bonne fille,
Fière au bras de ton drille,
    Le pont.

Demain, ô mâle amante,
Reviens-moi Bradamante !
    Muguet !
Eschôlier en fortune,
Narguant de vers la brune,
    Le guet !

UN SONNET

AVEC LA MANIÈRE DE S'EN SERVIR

Réglons notre papier et formons bien nos lettres :

Vers filés à la main et d'un pied uniforme,
Emboîtant bien le pas, par quatre en peloton ;
Qu'en marquant la césure, un des quatre s'endorme...
Ça peut dormir debout comme soldats de plomb.

Sur le *railway* du Pinde est la ligne, la forme ;
Aux fils du télégraphe : — on en suit quatre, en long ;
A chaque pieu, la rime — exemple : *chloroforme*.
— Chaque vers est un fil, et la rime un jalon.

— Télégramme sacré — 20 mots. — Vite à mon aide...
(Sonnet — c'est un sonnet —) ô Muse d'Archimède !
— La preuve d'un sonnet est par l'addition :

— Je pose 4 et 4 = 8 ! Alors je procède,
En posant 3 et 3 ! — Tenons Pégase raide :
« O lyre ! O délire ! O... » — Sonnet — Attention !

Pic de la Maladetta. — Août.

SONNET A SIR BOB

Chien de femme légère, braque anglais pur sang.

Beau chien, quand je te vois caresser ta maitresse,
Je grogne malgré moi — pourquoi? — Tu n'en sais rien...
— Ah! c'est que moi — vois-tu — jamais je ne caresse,
Je n'ai pas de maitresse, et... ne suis pas beau chien.

— *Bob! Bob!* — Oh! le fier nom à hurler d'allégresse!
Si je m'appelais *Bob*... Elle dit Bob si bien!
Mais moi je ne suis pas *pur sang.* — Par maladresse,
On m'a fait *braque* aussi... mâtiné de chrétien.

— O Bob! nous changerons, à la métempsycose:
Prends mon sonnet, moi ta sonnette à faveur rose;
Toi ma peau, moi ton poil — avec puces ou non...

Et je serai *sir Bob* — Son seul amour fidèle!
Je mordrai les roquets, elle me mordrait, Elle!
Et j'aurai le collier portant Son petit nom.

Britisch channel. — 15 may.

STEAM-BOAT

A une passagère.

En fumée elle est donc chassée
L'éternité, la traversée
Qui fit de Vous ma sœur d'un jour,
    Ma sœur d'amour!...

Là-bas!: cette mer incolore
Où ce qui fut Toi flotte encore...
Ici : la terre, ton écueil,
    Tertre de deuil!

On t'espère là... Va légère !
Qui te bercera, Passagère?...
O passagère mon cœur,
    Ton remorqueur!...

Quel ménélas, sur son rivage,
Fait le pied?... — Va, j'ai ton sillage...
J'ai, — quand il est là voir venir, —
    Ton souvenir!

Il n'aura pas, lui, ma Peureuse,
Les sauts de ta gorge houleuse!...
Tes sourcils salés de poudrain
    Pendant un grain!,

Il ne t'aura pas: effrontée!
Par tes cheveux au vent fouettée!...
Ni, durant les longs quarts de nuit,
    Ton doux ennui...

Ni ma poésie où : — *Posée,*
Tu seras la mouette blessée,
Et moi le flot qu'elle rasa..,
    Et cœtera.

— Le large, bête sans limite,
Me paraîtra bien grand, Petite,
Sans Toi !... Rien n'est plus l'horizon
    Qu'une cloison.

Qu'elle va me sembler étroite!
Tout seul, la boîte à deux!... la boîte
Où nous n'avions qu'un oreiller
    Pour sommeiller.

Déjà le soleil se fait sombre
Qui ne balance plus ton ombre,
Et la houle a fait un grand pli...
— Comme l'oubli! —

Ainsi déchantait sa fortune,
En vigie, au sec, dans la hune
Par un soir frais, vers le matin,
Un pilotin.

10° long. O,
40° lat. N.

PUDENTIANE

Attouchez, sans toucher. On est dévotieuse,
    Ni ne retient à son escient.
Mais On pâme d'horreur d'être : *luxurieuse*
    De corps et de consentement!...

Et de chair... de cette œuvre On est fort curieuse,
    Sauf le vendredi — seulement :
Le confesseur est maigre... et l'extase pieuse
    En fait : carême entièrement.

...Une autre se donne. — Ici l'On se damne —
C'est un tabernacle — ouvert — qu'on profane.
Bénitier où le serpent est caché!

Que l'Amour, ailleurs, comme un coq se chante...
CI-GIT! La *pudeur-d'-attentat* le hante...
C'est la Pomme (cuite) en fleur de péché.

    (Rome. — 40 ans. — 15 août.)

APRÈS LA PLUIE

J'aime la petite pluie
      Qui s'essuie
D'un torchon de bleu troué!
J'aime l'amour et la brise,
      Quand ça frise...
Et pas quand c'est secoué.

— Comme un parapluie en flèches,
      Tu te sèches,
O grand soleil! grand ouvert...
A bientôt l'ombrelle verte
      Grand' ouverte!
Du printemps — été d'hiver. —

La passion c'est l'averse
      Qui traverse!
Mais la femme n'est qu'un grain :

Grain de beauté, de folie
        Ou de pluie...
Grain d'orage — ou de serein. —

Dans un clair rayon de boue,
        Fait la roue,
La roue à grand appareil,
— Plume et queue — une Cocotte
        Qui barbotte ;
Vrai déjeuner de soleil !

— « Anne ! ou qui que tu sois, chère...
        « Ou pas chère,
« Dont on fait, à l'œil, les yeux...
« Hum... Zoé ! Nadjejda ! Jane !
        « Vois : je flâne,
« Doublé d'or comme les cieux ! »

« *English spoken ?* — Espagnole ?...
        « Batignolle ?...
« Arbore le pavillon
« Qui couvre ta marchandise,
        « O marquise
« D'Amaëgui !... Frétillon !... »

« Nom de singe ou nom d'Archange?
  « Ou mélange?...
« Petit nom à huit ressorts?
« Nom qui ronfle, ou nom qui chante?
  « Nom d'amante?...
« Ou nom à coucher dehors?...

« Veux-tu, d'une amour fidèle,
  « Éternelle!
« Nous adorer pour ce soir?...
« Pour tes deux petites bottes
  « Que tu crottes,
« Prends mon cœur et le trottoir! »

« N'es-tu pas doña Sabine?
  « Carabine?...
« Dis : veux-tu le paradis
« De l'Odéon? — traversée
  « Insensée!...
« On emporte des radis. » —

C'est alors que se dégaine
  La rengaine :
— « Vous vous trompez... Quel émoi!...

« Laissez-moi... je suis honnête... »
   « — Pas si bête!
« — Pour qui me prends-tu? — Pour moi!...

« ...Prendrais-tu pas quelque chose
      « Qu'on arrose
« Avec n'importe quoi... du
« Jus de perles dans des coupes
      « D'or?... Tu coupes!...
« Mais moi? Mina, me prends-tu? »

— « Pourquoi pas? ça va sans dire! » —
      « — O sourire!...
« Moi, par-dessus le marché!...
« Hermosa, tu m'as l'air franche
      « De la hanche!
« Un cuistre en serait fâché! »

— « Mais je me nomme Aloïse... »
      « ...Héloïse!
« Veux-tu, pour l'amour de l'art,
« — Abeilard avant la lettre —
      « Me permettre
« D'être un peu ton Abeilard? »

. . . .
. . . .

Et, comme un grain blanc qui crève,
   Le doux rêve
S'est couché là, sans point noir...
Donne à ma lèvre apaisée,
   « La rosée
« D'un baiser-levant — Bonsoir —

« C'est le chant de l'alouette,
   « Juliette!
« Et c'est le chant du dindon...
« Je te fais, comme l'aurore
   « Qui te dore,
« Un rond d'or sur l'édredon. »

A UNE ROSE

Rose, rose d'amour vannée,
    Jamais fanée,
Le rouge fin est ta couleur,
    O fausse fleur !

Feuille où pondent les journalistes
    Un fait-divers,
Papier-Joseph, croquis d'artistes :
    — Chiffres ou vers —

Cœur de parfum, montant arome
    Qui nous embaume...
Et ferait même avec succès,
    Après décès ;

Grise l'amour de ton haleine,
    Vapeur malsaine,
Vent de pastille du sérail,
    Hanté par l'ail !

Ton épingle, épine postiche,
         Chaque nuit fiche
Le hanneton d'or, ton amant...
Sensitive ouverte, arrosée
De fausses perles de rosée,
         En diamant !

Chaque jour palpite à la colle
         De ta corolle
Un papillon-coquelicot,
         Pur calicot.

Rose-thé !... — Dans le grog, peut-être ! —
         Tu dois renaître
Jaune, sous le fard du tampon,
         Rose-pompon !

Vénus-Coton, née en pelote,
         Un soir-matin,
Parmi l'écume... que culotte
         Le clan rapin !

Rose mousseuse, sur toi pousse
         Souvent la mousse

De l'Aï... Du BOCK plus souvent
— A **30** C^(ent).

— Un coup de soleil de la rampe !
Qui te retrempe ;
Un coup de pouce à ton grand air
Sur fil-de-fer !...

Va, gommeuse et gommée, ô rose
De couperose,
Fleurir les faux-cols et les cœurs,
Gilets vainqueurs !

A LA MÉMOIRE DE ZULMA

VIERGE FOLLE HORS BARRIÈRE

ET

D'UN LOUIS

Bougival, 8 mai.

Elle était riche de vingt ans,
Moi j'étais jeune de vingt francs,
Et nous fîmes bourse commune,
Placée, à fonds perdu, dans une
Infidèle nuit de printemps...

La lune a fait trou dedans,
Rond comme un écu de cinq francs,
Par où passa notre fortune :
Vingt ans! vingt francs!... et puis la lune!

— En monnaie — hélas — les vingt francs!
En monnaie aussi les vingt ans!
Toujours de trous en trous de lune,

Et de bourse en bourse commune...
— C'est à peu près même fortune!

. . . .
— Je la trouvai — bien des printemps,
Bien des vingt ans, bien des vingt francs,
Bien des trous et bien de la lune
Après — Toujours vierge et vingt ans,
Et... colonelle à la Commune !

. . . .
— Puis après : la chasse aux passants,
Aux vingt sols, et plus aux vingt francs...
Puis après : la fosse commune,
Nuit gratuite sans trou de lune.

(Saint-Cloud. — Novembre.)

BONNE FORTUNE

ET

FORTUNE

Odor della feminita.

Moi, je fais mon trottoir, quand la nature est belle,
Pour la passante qui, d'un petit air vainqueur,
Voudra bien crocheter, du bout de son ombrelle,
Un clin de ma prunelle ou la peau de mon cœur...

Et je me crois content—pas trop!—mais il faut vivre :
Pour promener un peu sa faim, le gueux s'enivre....

Un beau jour — quel métier ! — je faisais, comme ça,
Ma croisière. — Métier !... — Enfin, Elle passa
— Elle qui ? — La Passante ! Elle, avec son ombrelle !
Vrai valet de bourreau, je la frôlai... — mais Elle

Me regarda tout bas, souriant en dessous,
Et... me tendit sa main, et...
                              m'a donné deux sous.

(Rue des Martyrs.)

A UNE CAMARADE

Que me veux-tu donc, femme trois fois fille ?...
Moi qui te croyais un si bon enfant !
— De l'amour ?...— Allons : cherche, apporte, pille !
M'aimer aussi, toi !... moi qui t'aimais tant.

Oh ! je t'aimais comme... un lézard qui pèle
Aime le rayon qui cuit son sommeil...
L'Amour entre nous vient battre de l'aile :
— Eh ! qu'il s'ôte de devant mon soleil !

Mon amour, à moi, n'aime pas qu'on l'aime;
Mendiant, il a peur d'être écouté...
C'est un lazzarone enfin, un bohème,
Déjeunant de jeûne et de liberté.

— Curiosité, bibelot, bricolle ?...
C'est possible : il est rare — et c'est son bien —
Mais un bibelot cassé se recolle ;
Et lui, décollé, ne vaudra plus rien !...

Va, n'enfonçons pas la porte entr'ouverte
Sur un paradis déjà trop rendu !
Et gardons à la pomme, jadis verte,
Sa peau, sous son fard de fruit défendu.

Que nous sommes-nous donc fait l'un à l'autre ?...
— Rien... — Peut-être alors que c'est pour cela ;
— Quel a commencé ? — Pas moi, bon apôtre !
Après, quel dira : c'est donc tout — voilà !

—Tous les deux, sans doute...— Et toi, sois bien sûre
Que c'est encor moi le plus attrapé :
Car si, par erreur, ou par aventure,
Tu ne me trompais... je serais trompé !

Appelons cela : *l'amitié calmée ;*
Puisque l'amour veut mettre son holà.
N'y croyons pas trop, chère mal-aimée...
— C'est toujours trop vrai ces mensonges-là ! —

Nous pourrons, au moins, ne pas nous maudire
Si ça t'est égal — le quart d'heure après.
Si nous en mourons — ce sera de rire...
Moi qui l'aimais tant ton rire si frais !

UN JEUNE QUI S'EN VA

Morire.

Oh le printemps ! — je voudrais paître !...
C'est drôle, est-ce pas : les mourants
Font toujours ouvrir leur fenêtre,
Jaloux de leur part de printemps !

Oh le printemps ! Je veux écrire !
Donne-moi mon bout de crayon
— Mon bout de crayon, c'est ma lyre —
Et — là — je me sens un rayon.

Vite !... j'ai vu, dans mon délire,
Venir me manger dans la main
La Gloire qui voulait me lire !
— La gloire n'attend pas demain. —

Sur ton bras, soutiens ton poète,
Toi, sa Muse, quand il chantait,
Son Sourire quand il mourait,
Et sa Fête... quand c'était fête.

Sultane, apporte un peu ma pipe
Turque, incrustée en faux saphir,
Celle qui *va bien à mon type...*
Et ris ! — C'est fini de mourir ;

Et viens sur mon lit de malade ;
Empêche la mort d'y toucher,
D'emporter cet enfant maussade
Qui ne veut pas s'aller coucher.

Ne pleure donc plus, — je suis bête —
Vois : mon drap n'est pas un linceul...
Je chantais cela pour moi seul...
Le vide chante dans ma tête...

Retourne contre la muraille.
— Là — l'esquisse — un portrait de toi
Malgré lui mon œil soûl travaille
Sur la toile... C'était de moi.

J'entends — bourdon de la fièvre —
Un chant de berceau me monter :
« *J'entends le renard, le lièvre,*
« *Le lièvre, le loup chanter.* »

... Va ! nous aurons une chambrette
Bien fraîche, à papier bleu rayé ;
Avec un vrai bon lit honnête
A nous, à rideaux... et payé !

Et nous irons dans la prairie
Pêcher à la ligne tous deux,
Ou bien *mourir pour la patrie !*...
— Tu sais, je fais ce que tu veux.

... Et nous aurons des robes neuves,
Nous serons riches à bâiller
Quand j'aurai revu *mes épreuves !*
— Pour vivre, il faut bien travailler...

— Non ! mourir...
               La vie était belle
Avec toi, mais rien ne va plus.....
A moi le pompon d'immortelle
Des grands poëtes que j'ai lus !

A moi, *Myosotis!* Feuille morte
De *Jeune malade à pas lent!*
Souvenir de soi... qu'on emporte
En croyant le laisser — souvent !

— Décès : Rolla : l'Académie —
Murger, Baudelaire : — hôpital, —
Lamartine : — en perdant la vie
De sa fille, en strophes pas mal...

Doux bedeau, pleureuse en lévite,
Harmonieux tronc des *moissonnés*
Inventeur de la *larme écrite*,
Lacrymatoire d'abonnés !...

Moreau,— j'oubliais — Hégésippe,
Créateur de l'art-hôpital..,
Depuis, j'ai la phtisie en grippe ;
Ce n'est plus même original.

— Escousse encor : mort en extase
De lui; mort phtisique d'orgueil.
— Gilbert : phtisie et paraphrase
Rentrée, en se pleurant *à l'œil.*

— Un autre incompris : Lacenaire,
Faisant des vers en amateur
Dans le goût anti-poitrinaire,
Avec Sanson pour éditeur.

— Lord Byron, gentleman-vampire,
Hystérique du ténébreux ;
Anglais sec, cassé par son rire,
Son noble rire de lépreux.

— Hugo : l'homme apocalyptique,
L'Homme-Ceci-tûra-cela,
Meurt, garde national épique !
Il n'en reste qu'un — celui-là ! —

... Puis un tas d'amants de la lune,
Guère plus morts qu'ils n'ont vécu,
Et changeant de fosse commune
Sans un discours, sans un écu !

J'en ai lus mourir !... Et ce cygne
Sous le couteau du cuisinier
—Chénier...—Je me sens—mauvais signe!—
De la jalousie. — O métier !

Métier! Métier de mourir...
Assez, j'ai fini mon étude.
Métier : se rimer finir!...
C'est une affaire d'habitude.

Mais non, la poésie est : vivre,
Paresser encore, et souffrir
Pour toi, maîtresse! et pour mon livre ;
Il est là qui dort
                — Non : mourir!

. . . .

Sentir sur ma lèvre appauvrie
Ton dernier baiser se gercer,
La mort dans tes bras me bercer...
Me déshabiller de la vie !...

(Charenton. — Avril.)

INSOMNIE

Insomnie, impalpable Bête !
N'as-tu d'amour que dans la tête ?
Pour venir te pâmer à voir,
Sous ton mauvais œil, l'homme mordre
Ses draps, et dans l'ennui se tordre !...
Sous ton œil de diamant noir.

Dis : pourquoi, durant la nuit blanche,
Pluvieuse comme un dimanche,
Venir nous lécher comme un chien :
Espérance ou Regret qui veille,
A notre palpitante oreille
Parler bas... et ne dire rien ?

Pourquoi, sur notre gorge aride,
Toujours pencher ta coupe avide
Et nous laisser le cou tendu,

Tantales, soiffeurs de chimère ;
— Philtre amoureux ou lie amère,
Fraîche rosée ou plomb fondu ! —

Insomnie, es-tu donc pas belle ?...
Eh pourquoi, lubrique pucelle,
Nous étreindre entre tes genoux ?
Pourquoi râler sur notre bouche,
Pourquoi défaire notre couche,
Et... ne pas coucher avec nous ?

Pourquoi, Belle-de-nuit impure,
Ce masque noir sur ta figure ?...
— Pour intriguer les songes d'or ?
N'es-tu pas l'amour dans l'espace,
Souffle de Messaline lasse,
Mais pas rassasiée encor !

Insomnie, es-tu l'Hystérie...
Es-tu l'orgue de Barbarie
Qui moud l'*Hosannah* des Élus !...
— Ou n'es-tu pas l'éternel plectre,
Sur les nerfs des damnés de lettre,
Raclant leurs vers — qu'eux seuls ont lus.

Insomnie, es-tu l'âne en peine
De Buridan — ou le phalène
De l'enfer? — Ton baiser de feu
Laisse un goût froidi de fer rouge..
Oh! viens te poser dans mon bouge!..,
Nous dormirons ensemble un peu.

LA PIPE AU POÈTE

Je suis la Pipe d'un poète,
Sa nourrice, et : j'endors *sa Bête*.

Quand ses chimères éborgnées
Viennent se heurter à son front,
Je fume... Et lui, dans son plafond,
Ne peut plus voir les araignées.

... Je lui fais un ciel, des nuages,
La mer, le désert, des mirages;
Il laisse errer là son œil mort...

Et, quand lourde devient la nue,
Il croit voir une ombre connue,
— Et je sens mon tuyau qu'il mord...

— Un autre tourbillon délie
Son âme, son carcan, sa vie!
... Et je me sens m'éteindre. — Il dort —

. . . .

— Dors encor : la *Bête* est calmée,
File ton rêve jusqu'au bout...
Mon Pauvre!... la fumée est tout.
— S'il est vrai que tout est fumée...

(Paris. — Janvier.)

LE CRAPAUD

Un chant dans une nuit sans air...
— La lune plaque en métal clair
Les découpures du vert sombre.

...Un chant; comme un écho, tout vif
Enterré, là, sous le massif...
— Ça se tait : Viens, c'est là, dans l'ombre...

— Un crapaud ! — Pourquoi cette peur,
Près de moi, ton soldat fidèle !
Vois-le, poète tondu, sans aile,
Rossignol de la boue... — Horreur ! —

...Il chante. — Horreur !! — Horreur pourquoi
Vois-tu pas son œil de lumière...
Non : il s'en va, froid, sous sa pierre.
. . . .
Bonsoir — ce crapaud-là c'est moi.

(Le soir, 20 juillet.)

FEMME

La Bête féroce.

Lui, cet être faussé, mal aimé, mal souffert,
Mal haï — mauvais livre... et pire : il m'intéresse. —
S'il est vide, après tout... Oh! mon Dieu, je le laisse.
    Comme un roman pauvre — entr'ouvert.

Cet homme est laid...— Et moi, ne suis-je donc pas belle,
    Et belle encore pour nous deux! —
En suis-je donc enfin aux rêves de pucelle?...
    — Je suis reine : Qu'il soit lépreux !

Où vais-je — femme! — Après... suis-je donc pas légère
    Pour me relever d'un faux pas!
Est-ce donc lui que j'aime?— Eh non! c'est son mystère...
    Celui que peut-être Il n'a pas.

Plus Il m'évite, et plus et plus il me poursuit...
    Nous verrons ce dédain suprême.
Il est rare à croquer, celui-là qui me fuit !...
    Il me fuit, — Eh bien non !... Pas même.

...Aurais-je ri pourtant! si, comme un galant homme,
    Il avait allumé ses feux...
Comme Ève — femme aussi — qui n'aimait pas la Pomme,
    Je ne l'aime pas — et j'en veux ! —

C'est innocent. — Et Lui ?... Si l'arme était chargée...
    — Et moi, j'aime les vilains jeux !
Et... l'on sait amuser, avec une dragée
    Haute, un animal ombrageux.

De quel droit ce regard, ce mauvais œil qui touche :
    Monsieur poserait le fatal ?
Je suis myope, il est vrai... Peut-être qu'il est louche ;
    Je l'ai vu si peu — mais si mal. —

... Et si je le laissais se draper en quenouille,
    Seul dans sa honteuse fierté !...
— Non. Je sens me ronger, comme ronge la rouille,
    Mon orgueil malade, irrité.

Allons donc! c'est écrit — n'est-ce pas — dans ma tête,
    En pattes-de-mouche d'enfer;
Ecrit, sur cette page où — là — ma main s'arrête.
    — Main de femme et plume de fer. —

Oui! — Baiser de Judas. — Lui cracher à la bouche
    Cet *amour!* — Il l'a mérité. —
Lui dont la triste image est debout sur ma couche,
    Implacable de volupté.

Oh! oui : coller ma langue à l'inerte sourire
    Qu'il porte là comme un faux pli!
Songe creux et malsain, repoussant... qui m'attire!
    . . . .
    — Une nuit blanche... un jour sali...

                ...

DUEL AUX CAMÉLIAS

J'ai vu le soleil dur contre les touffes
Ferrailler. — J'ai vu deux fers soleiller,
Deux fers qui faisaient des parades bouffes;
Des merles en noir regardaient briller.

Un monsieur en linge arrangeait sa manche;
Blanc, il me semblait un gros camélia;
Une autre fleur rose était sur la branche.
Rose comme... Et puis un fleuret plia.

— Je vois rouge... Ah oui ! c'est juste : on s'égorge —
...Un camélia blanc — là — comme Sa gorge...
Un camélia jaune, — ici — tout mâché...

Amour mort tombé de ma boutonnière.
— A moi, plaie ouverte et fleur printannière!
Camélia vivant, de sang panaché !

(*Veneris Dies* 13***.)

FLEUR D'ART

Oui. — Quel art jaloux dans Ta fine histoire !
Quels bibelots chers ! — Un bout de sonnet,
Un cœur gravé dans la manière noire,
Des traits de canif à coups de stylet. —

Tout fier mon cœur porte à la boutonnière
Que tu lui taillas, un petit bouquet
D'immortelle rouge — Encor ta manière —
C'est du sang en fleur. Souvenir coquet.

Allons, pas de pleurs à notre mémoire !
— C'est la mâle mort de l'amour ici —
Foin du myosotis, vieux sachet d'armoire !

Double femme, va !... Qu'un âne te braie !
Si tu n'étais fausse, eh, serais-tu vraie ?
L'amour est un duel : — bien touché ! Merci.

(***)

PAUVRE GARÇON

La Bête féroce.

Lui qui sifflait si haut, son petit air de tête,
Etait plat près de moi; je voyais qu'il cherchait...
Et ne trouvait pas, et... j'aimais le sentir bête,
Ce héros qui n'a pas su trouver qu'il m'aimait.

J'ai fait des ricochets sur son cœur en tempête.
Il regardait cela... Vraiment, cela l'usait ?...
Quel instrument rétif à jouer, qu'un poète !
J'en ai joué. Vraiment — moi — cela m'amusait.

Est-il mort ?... — Ah ! — c'était, du reste, un garçon drôle.
Aurait-il donc trop pris au sérieux son rôle,
Sans me le dire... au moins. — Car il est mort, de quoi ?...

Se serait-il laissé fluer de poésie...
Serait-il mort *de chic*, de boire ou de phtisie,
Ou, peut-être, après tout : de rien...
                        ou bien de Moi.

(***)

DÉCLIN

Comme il était bien, Lui, ce Jeune plein de sève !
Apre à la vie *O Gué !*... et si doux en son rêve.
Comme il portait sa tête ou la couchait gaîment !
Hume-vent à l'amour !... qu'il passait tristement.

Oh ! comme il était Rien !...— Aujourd'hui, sans rancune,
Il a vu lui sourire, au retour, la Fortune ;
Lui ne sourira plus que d'autrefois ; il sait
Combien tout cela coûte et comment ça se fait.

Son cœur a pris du ventre et dit bonjour en prose.
Il est coté fort cher... ce Dieu c'est quelque chose ;
Il ne va plus les mains dans les poches tout nu...

Dans sa gloire qu'il porte en paletot funèbre,
Vous le reconnaîtrez fini, banal, célèbre...
Vous le reconnaîtrez alors, cet inconnu.

BONSOIR

Et vous viendrez alors, imbécile caillette,
Taper dans ce miroir clignant qui se paillette
D'un éclis d'or, accroc de l'astre jaune, éteint.
Vous verrez un bijou dans cet éclat de tain.

Vous viendrez à cet homme, à son reflet mièvre
Sans chaleur... Mais, au jour qu'il dardait la fièvre,
Vous n'avez rien senti, vous qui — midi passé —
Tombez dans ce rayon tombant qu'il a laissé.

Lui ne vous connaît plus, Vous, l'Ombre déjà vue,
Vous qu'il avait couchée en son ciel toute nue,
Quand il était un Dieu !... Tout cela — n'en faut plus. —

Croyez. — Mais lui n'a plus ce mirage qui leurre.
Pleurez. — Mais il n'a plus cette corde qui pleure.
Ses chants... C'était d'un autre ; il ne les a pas lus.

LE POÈTE CONTUMACE

Sur la côte d'ARMOR. — Un ancien vieux couvent,
Les vents se croyaient là dans un moulin-à-vent,
      Et les ânes de la contrée,
Au lierre râpé, venaient râper leurs dents
Contre un mur si troué que, pour entrer dedans,
      On n'aurait pu trouver l'entrée.

— Seul — mais toujours debout avec un rare aplomb,
Crénelé comme la mâchoire d'une vieille,
Son toit à coups de poing sur le coin de l'oreille,
Aux corneilles bayant, se tenait le donjon,

Fier toujours d'avoir eu, dans le temps sa légende...
Ce n'était plus qu'un nid à gens de contrebande,
Vagabonds de nuit, amoureux buissonniers,
Chiens errants, vieux rats, fraudeurs et douaniers.

— Aujourd'hui l'hôte était de la borgne tourelle,
Un Poète sauvage, avec un plomb dans l'aile;
Et tombé là parmi les antiques hiboux
Qui l'estimaient d'en haut. — Il respectait leurs trous,
Lui, seul hibou payant, comme son *bail* le porte:
Pour vingt-cinq écus l'an, dont: remettre une porte. —

Pour les gens du pays, il ne les voyait pas:
Seulement, en passant, eux regardaient d'en bas,
   Se montrant du nez sa fenêtre;
Le curé se doutait que c'était un lépreux;
Et le maire disait: — Moi, qu'est-ce que j'y peux,
   C'est plutôt un Anglais.... un *Être*.

Les femmes avaient su — sans doute par les buses
Qu'il *vivait en concubinage avec des Muses!*...
Un hérétique enfin... Quelque *Parisien*
De Paris ou d'ailleurs. — Hélas! on n'en sait rien. —
Il était invisible; et, comme *ses Donzelles*
Ne s'affichaient pas trop, on ne parla plus d'elles.

— Lui, c'était simplement un long flâneur, sec, pâle;
Un ermite-amateur, chassé par la rafale...
Il avait trop aimé les beaux *, . ;* malsains

Condamné des huissiers, comme des médecins,
Il avait posé là, soûl et cherchant sa place
Pour mourir seul ou pour vivre par contumace...

    Faisant, d'un à peu près d'artiste,
    Un philosophe d'à peu près,
    Râleur de soleil ou de frais,
    En dehors de l'humaine piste.

Il lui restait encor un hamac, une vielle,
Un barbet qui dormait sous le nom de *Fidèle;*
Non moins fidèle était, triste et doux comme lui,
Un autre compagnon qui s'appelait l'Ennui.

Se mourant en sommeil, il se vivait en rêve,
Son rêve était le flot qui montait sur la grève,
    Le flot qui descendait ;
Quelquefois, vaguement, il se prenait attendre...
Attendre quoi... le flot monter — le flot descendre —
    Ou l'absente... Qui sait ?

Le sait-il bien lui-même !... Au vent de sa guérite,
A-t-il donc oublié comme les morts vont vite,
Lui, ce viveur vécu, revenant égaré,
Cherche-t-il son follet, à lui, mal enterré ?

— Certe, Elle n'est pas loin, celle après qui tu brâmes,
O Cerf de Saint-Hubert ! Mais ton front est sans flammes.
N'apparais pas, mon vieux, triste et faux déterré...
Fais le mort si tu peux... Car Elle t'a pleuré !

— Est-ce qu'il pouvait, Lui !... n'était-il pas poëte...
Immortel comme un autre ?... Et dans sa pauvre tête
Déménagée, encore il sentait que les vers
Hexamètres faisaient les cent pas de travers.

— Manque de savoir-vivre extrême — il survivait —
Et — manque de savoir mourir — il écrivait :

« C'est un être passé de cent lunes, ma Chère,
Et ton cœur poétique, à l'état légendaire.
Je rime, donc je vis... ne crains pas, c'est *à blanc*,
— Une coquille d'huître en rupture de banc ! —
Oui, j'ai beau me palper; c'est moi ! Dernière faute —
En route pour les cieux — car ma niche est si haute ! —
Je me suis demandé, prêt à prendre l'essor :
Tête ou pile... — Et voilà — je me demande encor... »

« C'est à toi que je fis mes adieux à la vie,
A toi qui me pleuras, jusqu'à me faire envie

De rester me pleurer avec toi. Maintenant
C'est joué, je ne suis qu'un gâteux revenant,
En os et... (j'allais dire en chair). — La chose est sûre.
C'est bien moi, je suis là — mais comme une rature. »

« Nous étions amateurs de curiosité :
Viens voir *le Bibelot*. — Moi j'en suis dégoûté. —
Dans mes dégoûts surtout, j'ai des goûts élégants;
Tu sais : j'avais lâché la Vie avec des gants;
L'*Autre* n'est pas même à prendre avec des pincettes...
Je cherche au mannequin de nouvelles toilettes. »

« Reviens m'aider: Tes yeux dans ces yeux-là! Ta lèvre
Sur cette lèvre !... Et, là, ne sens-tu pas ma fièvre
— Ma *fièvre de Toi ?*... — Sous l'orbe est-il passé
L'arc-en-ciel au charbon par nos nuits laissé ?
Et cette étoile?... — Oh! va, ne cherche plus l'étoile
   Que tu voulais voir à mon front;
   Une araignée a fait sa toile,
   Au même endroit — dans le plafond. »

« Je suis un étranger. — Cela vaut mieux peut-être...
— Eh bien! non, viens encor un peu me reconnaître;
Comme au bon saint Thomas, je veux te voir la foi,
Je veux te voir toucher la plaie et dire: — Toi! —

« Viens encor me finir — c'est très gai : De ta chambre,
Tu verras mes moissons — nous sommes en décembre —
Mes grands bois de sapin, les fleurs d'or des genêts,
Mes bruyères d'Armor... — en tas sur les chenets.
Viens te gorger d'air pur — Ici j'ai de la brise
Si franche !... que le bout de ma toiture en frise.
Le soleil est si doux... — qu'il gèle tout le temps.
Le printemps... — Le printemps n'est-ce pas tes vingt ans.
On n'attend plus que toi, vois : déjà l'hirondelle
Se pose... en fer rouillé, clouée à ma tourelle. —
Et bientôt nous pourrons cueillir le champignon...
Dans mon escalier que dore... un lumignon.
Dans le mur qui verdoie existe une pervenche
Sèche. —... Et puis nous irons à l'eau *faire* la planche
— Planches d'épave au sec — comme moi — sur ces plages.
La Mer roucoule sa *Berceuse pour naufrages ;*
Barcarolle du soir... pour les canards sauvages. »

« En *Paul et Virginie,* et virginaux — veux-tu —
Nous nous mettrons au vert du paradis perdu...
Ou *Robinson avec Vendredi* — c'est facile —
La pluie a déjà fait, de mon royaume, une île. »

« Si pourtant, près de moi, tu crains la solitude,
Nous avons des amis, sans fard — Un braconnier;

Sans compter un caban bleu, qui par habitude,
Fait toujours les cent pas et contient un douanier...
Plus de clercs d'huissier! J'ai le clair de la lune,
Et des amis pierrots amoureux sans fortune. »

— « Et nos nuits!... *Belles nuits pour l'orgie à la tour!*
Nuits à la Roméo ! — Jamais il ne fait jour. —
La Nature au réveil — réveil de déchaînée —
Secouant son drap blanc... éteint ma cheminée.
Voici mes rossignols... rossignols d'ouragans —
Gais comme des pinçons — sanglots de chats-huans !
Ma girouette dérouille en haut sa tyrolienne
Et l'on entend gémir ma porte éolienne,
Comme chez saint Antoine en sa tentation...
Oh viens! joli Suppôt de la séduction ! »

— « Hop! les rats du grenier dansent des farandoles !
Les ardoises du toit roulent en castagnoles !
Les Folles du logis...
            Non, je n'ai plus de Folles ! »

... « Comme je revendrais ma dépouille à Satan
S'il me tentait avec un petit Revenant...

— Toi — Je te vois partout, mais comme un voyant blême.
Je t'adore... Et c'est pauvre : adorer ce qu'on aime !
Apparais, un poignard dans le cœur ! — Ce sera,
Tu sais bien, comme dans *Inès de La Sierra*...
— On frappe... oh ! c'est quelqu'un...
                                    Hélas ! oui, c'est un rat.

— « Je rêvasse... et toujours c'est *Toi*. Sur toute chose,
Comme un esprit follet, ton souvenir se pose :
Ma solitude — *Toi !* — Mes hiboux à l'œil d'or :
— *Toi !* — Ma girouette folle : Oh *Toi !*... — Que sais-je encor...
— *Toi !* mes volets ouvrant les bras dans la tempête...
Une lointaine voix : c'est Ta chanson ! — c'est fête !...
Les rafales fouaillant Ton nom perdu — c'est bête —
C'est bête, mais c'est *Toi !* Mon cœur au grand ouvert
            Comme mes volets en pantenne,
            Bat, tout affolé sous l'haleine
            Des plus bizarres courants d'air. »

« Tiens... une ombre portée, un instant, est venue
Dessiner ton profil sur la muraille nue,
Et j'ai tourné la tête... — Espoir ou souvenir —
Ma Sœur Anne, à la tour, voyez-vous pas venir ?...

— Rien ! — je vois... je vois, dans ma froide chambrette,
Mon lit capitonné de *satin de brouette;*
Et mon chien qui dort dessus — Pauvre animal —
... Et je ris... parce que ça me fait un peu mal. »

« J'ai pris, pour t'appeler, ma vielle et ma lyre,
Mon cœur fait de l'esprit — le sot — pour se leurrer...
Viens pleurer, si mes vers ont pu te faire rire;
      Viens rire, s'ils t'ont fait pleurer... »

« Ce sera drôle... Viens jouer à la misère.
D'après nature : — *Un cœur avec une chaumière.* —
... Il pleut dans mon foyer, il pleut dans mon cœur feu.
Viens ! Ma chandelle est morte et je n'ai plus de feu. »

      »

Sa lampe se mourait. Il ouvrit la fenêtre.
Le soleil se levait. Il regarda sa lettre,
Rit et la déchira... Les petits morceaux blancs,
Dans la brume semblaient un vol de goélands.

    (Penmarc'h — jour de Noël.)

SÉRÉNADE DES SÉRÉNADES

SONNET DE NUIT

O croisée ensommeillée,
Dure à mes trente-six morts !
Vitre en diamant, éraillée
Par mes atroces accords !

Herse hérissant rouillée
Tes crocs où je pends et mords !
Oubliette verrouillée
Qui me renferme... dehors !

Pour Toi, Bourreau que j'encense.
L'amour n'est donc que vengeance ?...
Ton balcon : gril à braiser ?

Ton col : collier de garotte ?...
Eh bien ! ouvre, Iscariote,
Ton judas pour un baiser !

GUITARE

Je sais rouler une amourette
    En cigarette,
Je sais rouler l'or et les plats!
Et les filles dans de beaux draps!

Ne crains pas de longueurs fidèles:
Pour mules mes pieds ont des ailes;
Voleur de nuit, hibou d'amour,
    M'envole au jour.

Connais-tu Psyché? — Non? — Mercure?...
Cendrillon et son aventure?
— Non? —... Eh bien! tout cela, c'est moi:
    Nul ne me voit.

Et je te laisserais bien fraîche
Comme un petit Jésus en crèche,
Avant le rayon indiscret...
    — Je suis si laid! —

Je sais flamber en cigarette,
Une amourette,
Chiffonner et flamber les draps
Mettre les filles dans les plats!

RESCOUSSE

Si ma guitare
Que je répare,
Trois fois barbare :
Kriss indien,

Cri de supplice,
Bois de justice,
Boîte à malice,
Ne fait pas bien...

Si ma voix pire
Ne peut te dire
Mon doux martyre...
— Métier de chien !

Si mon cigare,
Viatique et phare,
Point ne t'égare ;
— Feu de brûler...

Si ma menace,
Trombe qui passe,
Manque de grâce ;
— Muet de hurler...

Si de mon âme
La mer en flamme
N'a pas de lame ;
— Cuit de geler.,.

Vais m'en aller !

TOIT

Tiens non ! J'attendrai tranquille,
 Planté sous le toit,
Qu'il me tombe quelque tuile,
 Souvenir de toi !

J'ai tondu l'herbe, je lèche
 La pierre, altéré
Comme *la Colique-sèche*
 De Miserere !

Je crèverai — Dieu me damne !
Ton tympan ou la peau d'âne
 De mon bon tambour!

Dans ton boîtier, ô Fenêtre !
Calme et pure, gît peut-être...
. . . .
Un vieux monsieur sourd !

LITANIE

Non... Mon cœur te sent là, Petite,
Qui dors pour me laisser plus vite
Passer ma nuit, si longue encor,
Sur le pavé comme un rat mort...

Dors. — La berceuse litanie
Sérénade jamais finie
Sur Ta lèvre reste poser
Comme une haleine de baiser :

— « Nénuphar du ciel ! Blanche Etoile !
« Tour ivoirine ! Nef sans voile !
« *Vesper, amoris Aurora !* »

Ah ! je sais les répons mystiques,
Pour le cantique des cantiques
Qu'on chante... au Diable, Señora !

CHAPELET

A moi, grand chapelet ! pour égrener mes plaintes,
Avec tous les AVE de Sa *Perfeccion*,
Son nom et tous les noms de ses Fêtes et Saintes...
Du Mardi-Gras jusqu'à la *Circoncicion* :

— *Navaja-Dolorès-y-Crucificcion!*...
— Le Christ avait au moins son éponge d'absinthe...—
Quand donc arriverai-je à ton *Ascencion !*...
— Isaac Laquedem, prête-moi ta complainte.

— *O Todas-las-Santas!* Tes vitres sont pareilles,
Secundum ordinem, à ces fonds de bouteilles
Qu'on casse à coups de trique à la *Quasimodo*...

Mais, ô *Quasimodo*, tu ne viens pas encore;
Pour casse-tête, hélas ! je n'ai que ma mandore...
— *Se habla español : Paraque... raquando?*...

ELIZIR D'AMOR

Tu ne me veux pas en rêve,
Tu m'auras en cauchemar !
T'écorchant au vif, sans trêve,
— Pour moi... pour l'amour de l'art.

— Ouvre : je passerai vite,
Les nuits sont courtes, l'été...
Mais ma musique est maudite,
Maudite en l'éternité !

J'assourdirai les recluses,
Éreintant à coups de pieux,
Les Neuf et les autres Muses...
Et qui n'en iront que mieux !...

Répéterai tous mes rôles
Borgnes — et d'aveugle aussi...
D'ordinaire tous ces drôles
Ont assez bon *œil* ici :

— A genoux, haut Cavalier,
A pied, trainant ma rapière,
Je baise dans la poussière
Les traces de Ton soulier!

— Je viens, Pèlerin austère,
Capucin et Troubadour,
Dire mon bout de rosaire
Sur la viole d'amour.

— Bachelier de Salamanque,
Le plus simple et le dernier...
Ce fonds jamais ne me manque :
— Tout vœux ! et pas un denier ! —

— Retapeur de casseroles,
Sale Gitan vagabond,
Je claque des castagnoles
Et chatouille le jambon...

— Pas-de-loup, loup sur la face,
Moi chien-loup maraudeur,
J'erre en offrant de ma race :
Pur-Don-Juan-du-Commandeur. —

Maîtresse peut me connaître,
Chien parmi les chiens perdus :
Abeilard n'est pas mon maître,
Alcibiade non plus!

VÉNERIE

O Vénus, dans ta Vénerie,
Limier et piqueur à la fois,
Valet-de-chiens et d'écurie,
J'ai vu l'Hallali, les Abois!...

Que Diane aussi me sourie!...
A cors, à cris, à pleine voix
Je fais le pied, je fais le bois;
Car on dit que : *bête varie*...

— Un pied de biche : le voici,
Cordon de sonnette sur rue;
— Bois de cerf : de la porte aussi;
— Et puis un pied : un pied de grue !...

O Fauve après qui j'aboyais,
— Je suis fourbu, qu'on me relaie ! —
O bête! es-tu donc une laie ?
. . . .
Bien moins sauvage te croyais?

VENDETTA

Tu ne veux pas de mon âme
Que je jette à tour de bras :
Chère, tu me le payeras !...
Sans rancune — je suis femme ! —

Tu ne veux pas de ma peau :
Venimeux comme un jésuite,
Prends garde !... je suis ensuite
Jésuite comme un crapaud,

Et plat comme la punaise,
Compagne que j'ai sur moi,
Pure... mais, — ne te déplaise, —
Je te préférerais, Toi !

— Je suis encor, Ma Très Chère,
Serpent comme le serpent
Froid, coulant, poisson rampant
Qui fit pécher ta grand'mère...

Et tu ne vaux pas, Pécore,
Beaucoup plus qu'elle, je croi...
Vaux-tu ma chanson encore ?...
Me vaux-tu seulement moi !...

HEURES

Aumône au malandrin en chasse
Mauvais œil à l'œil assassin !
Fer contre fer au spadassin !
— Mon âme n'est pas en état de grâce ! —

Je suis le fou de Pampelune,
J'ai peur du rire de la Lune,
Cafarde, avec son crêpe noir...
Horreur! tout est donc sous un éteignoir.

J'entends comme un bruit de crécelle...
C'est la male heure qui m'appelle.
Dans le creux des nuits tombe : un glas... deux glas

J'ai compté plus de quatorze heures...
L'heure est une larme — Tu pleures,
Mon cœur !... Chante encor, va — Ne compte pas.

CHANSON EN *SI*

Si j'étais noble Faucon,
Tournoirais sur ton balcon...
— Taureau : foncerais ta porte...
— Vampire : te boirais morte...
    Te boirais !

— Geôlier : lèverais l'écrou...
— Rat : ferais un petit trou...
Si j'étais brise alizée,
Te mouillerais de rosée...
    Roserais !

Si j'étais gros Confesseur,
Te fouaillerais, ô ma Sœur !
Pour seconde pénitence,
Te dirais ce que je pense...
    Te dirais...

Si j'étais un maigre Apôtre.
Dirais : « Donnez-vous l'un l'autre,
Pour votre faim apaiser :
Le pain-d'amour : Un baiser. »
    Si j'étais !...

Si j'étais Frère-quêteur,
Quêterais ton petit cœur
Pour Dieu le Fils et le Père,
L'Eglise leur Sainte-Mère..,
    Quêterais !

Si j'étais Madone riche,
Jetterais bien, de ma niche,
Un regard, un sou béni,
Pour le cantique fini...
    Jetterais !

Si j'étais un vieux bedeau,
Mettrais un cierge au rideau...
D'un goupillon d'eau bénite,
L'éteindrais, la vespre dite,
    L'éteindrais !

Si j'étais roide pendu,
Au ciel serais tout rendu :
Grimperais après ma corde,
Ancre de miséricorde,
    Grimperais !

Si j'étais femme... Eh, la Belle,
Te ferais ma Colombelle...
A la porte les galants
Pourraient se percer les flancs...
    Te ferais...

Enfant, si j'étais la duègne
Rossinante qui te peigne,
SEÑORA, si j'étais Toi...
J'ouvrirais au pauvre Moi.
    — Ouvrirais ! —

PORTES ET FENÊTRES

N'entends-tu pas ? — Sang et guitare ! —
Réponds !... je damnerai plus fort.
Nulle ne m'a laissé, Barbare,
Aussi longtemps me crier mort !

Ni faire autant de purgatoire !...
Tu ne vois ni n'entends mes pas,
Ton œil est clos, la nuit est noire :
Fais signe. — Je ne verrai pas.

En enfer j'ai pavé ta rue.
Tous les damnés sont en émoi..
Trop incomparable Inconnue !
Si tu n'es pas là... préviens-moi !

A damner je n'ai plus d'alcades,
Je n'ai fait que me damner moi,
En serinant mes sérénades...
— Il ne reste à damner que Toi !

GRAND OPÉRA

1ᵉʳ ACTE (*Vêpres*).

Dors sous le tabernacle, ô Figure de cire !
    Triple Châsse vierge et martyre,
      Derrière un verre, sous le plomb,
Et dans les siècles des siècles... ... Comme c'est long !

Portes-tu ton cœur d'or sur ta robe lamée,
Ton âme veille-t-elle en la lampe allumée ?...

        Elle est éteinte
        Cette huile sainte...
        Il est éteint
        Le sacristain !...

L'orgue sacré, ses flots, et ses bruits de rafale
Sous les voûtes, font-ils frissonner ton front pâle ?...

Dans ton éternité sais-tu la barbarie
De mon orgue infernal, *orgue de Barbarie?*
Du prêtre, sous l'autel, n'ouïs-tu pas les pas
Et le mot qu'à l'Hostie il murmure tout bas?...

— Eh bien! moi j'attendrai que sur ton oreiller,
La trompette de Dieu vienne te réveiller!

. . . .

Châsse, ne sais-tu pas qu'en passant ta chapelle,
   De par le Pape, tout fidèle,
Evêque, publicain ou lépreux, a le droit
De t'entr'ouvir sa plaie et d'en toucher ton doigt?...
   A Saint-Jacques de Compostelle
J'en ai bien fait autant pour un bout de chandelle.
A ce prix-là je dois baiser la blanche hostie
Qui scelle, sur ta bouche en or, la chasteté
   Close en odeur de sainteté

. . . .

   Cordieu! Madame est donc sortie?...

IIe ACTE (*Sabbat*).

Je suis un bon ange, ô bel Ange !
Pour te couvrir, doux gardien...
La terre maudite me tient.
Ma plume a trempé dans la fange...

Hà ! je ne bats plus que d'une aile !...
Prions... l'esprit du Diable est prompt...
— Ah ! si j'étais lui, de quel bond
Je serais sur toi, la Donzelle !

... Ma blanche couronne à ma tête
Déjà s'effeuille ; la tempête
Dans mes mains a brisé mon lys...

— Par Belzébuth ! contre la borne
Je viens de me rompre la corne !
. . . .
Comme les trucs sont démolis !

IIIᵉ ACTE (*Sereno*).

Hola !... je vois poindre un fanal oblique
— Flamberge au vent, joli Muguet !
Sangre Dios ! rossons le guet !...

Un bonhomme mélancolique
Chante : — Bonsoir Señor, Señor Caballero,
Sereno... — Sereno toi-même !
— Minuit : second jour de carême,
Prêtez-moi donc un cigaro...

Gracia ! la Vierge vous garde !

— La Vierge ?... grand merci, vieux ! Je sens la moutarde !.
— Par Saint-Joseph ! Señor, que faites-vous ici ? —
— Mais... pas grand'chose et toi, merci.

— C'est pour votre plaisir ?... — Je damne les alcades
De Tolose au Guadalété !
— Il est un violon, là-bas sous les arcades...
Ça : n'as-tu jamais arrêté
Musset.. musset pour sérénade ?

6.

Santos !... non, sur la promenade,
Je n'ai jamais vu de mussets...
— Son page était en embuscade...
— *Ah Carambah!* Monsieur est un señor Français
Qui vient nous la faire à l'aubade ?...

PIÈCE A CARREAUX

Ah ! si Vous avez à Tolède,
    Un vitrier
Qui vous forge un vitrail plus raide
    Qu'un bouclier !...

A Tolède j'irai ma flamme
    Souffler, ce soir ;
A Tolède tremper la lame
    De mon rasoir !

Si cela ne vous amadoue :
    Vais aiguiser,
Contre tous les cuirs de Cordoue,
    Mon dur baiser :

— Donc — A qui rompra : votre oreille :
    Ou bien mes vers !
Ma corde à boyaux sans pareille,
    Ou bien vos nerfs ?

— A qui fendra : ma castagnette,
    Ou bien vos dents...
L'idole en grès, ou le Squelette
    Aux yeux dardants !

— A qui fondra : vous ou mes cierges,
    O plombs croisés !...
En serez-vous beaucoup plus vierges,
    Carreaux cassés ?

Et Vous qui faites la cornue,
    Ange là-bas !...
En serez-vous un peu moins nue,
    Les habits bas ?

— Ouvre ! fenêtre à guillotine :
    C'est le bourreau !
— Ouvre donc porte de cuisine !
    C'est Figaro.

Je soupire, en vache espagnole,
  Ton numéro
Qui n'est, en français, Vierge molle!
  Qu'un grand ZÉRO.

Cadix. — Mai.

RACCROCS

LAISSER-COURRE

Musique de : Isaac Laquedem

J'ai laissé la potence
Après tous les pendus,
Andouilles de naissance,
Maigres fruits défendus ;
Les plumes aux canards
Et la queue aux renards...

Au Diable aussi sa queue.
Et ses cornes aussi,
Au ciel sa chose bleue
Et la Planète — ici
Et puis tout : n'importe où
Dans le désert au clou.

J'ai laissé dans l'Espagne
Le reste et mon château ;
Ailleurs, à la campagne,

Ma tête et son chapeau ;
J'ai laissé mes souliers
Sirènes, à vos pieds !

J'ai laissé par les mondes,
Parmi tous les frisons
Des chauves, brunes, blondes
Et rousses... mes toisons.
Mon épée aux vaincus,
Ma maîtresse aux cocus...

Aux portes les portières,
La portière au portier,
Le bouton aux rosières,
Les roses au rosier,
A l'huys les huissiers,
Créance aux créanciers...

Dans mes veines ma veine,
Mon rayon au soleil,
Ma dégaine en sa gaine,
Mon lézard au sommeil ;
J'ai laissé mes amours
Dans les tours, dans les fours...

Et ma cotte de maille
Aux artichauts de fer
Qui sont à la muraille
Des jardins de l'Enfer;
Après chaque oripeau
J'ai laissé de ma peau.

J'ai laissé toute chose
Me retirer du nez
Des vers, en vers, en prose...
Aux bornes, les bornés;
A tous les jeux partout,
Des rois et de l'atout.

J'ai laissé la police
Captive en liberté,
J'ai laissé la Palisse
Dire la vérité...
Laissé courre le sort
Et ce qui court encor.

J'ai laissé l'Espérance,
Vieillissant doucement,
Retomber en enfance,

Vierge folle sans dent,
J'ai laissé tous les Dieux,
J'ai laissé pire et mieux.

J'ai laissé bien tranquilles
Ceux qui ne l'étaient pas,
Aux pattes imbéciles
J'ai laissé tous les plats;
Aux poètes la foi...
Puis me suis laissé moi.

Sous le temps, sans égides
M'a malmené fort bien
La vie à grandes guides...
Au bout des guides — rien —
,.. Laissé, blasé, passé,
Rien ne m'a rien laissé...

A MA JUMENT SOURIS

Pas d'éperon ni de cravache,
N'est-ce pas, Maîtresse à poil gris...
C'est bon à pousser une vache,
Pas une petite souris.

Pas de mors à ta pauvre bouche :
Je t'aime, et ma cuisse te touche.
Pas de selle, pas d'étrier :
J'agace du bout de ma botte,
Ta patte d'acier fin qui trotte.
Va : je ne suis pas cavalier...

— Hurrah ! c'est à nous la poussière !
J'ai la tête dans ta crinière,
Mes deux bras te font un collier.
— Hurrah ! c'est à nous le hallier !

— Hurrah ! c'est à nous la barrière !
Je suis emballé : tu me tiens —
Hurrah !... et le fossé derrière...
Et la culbute !... — Femme tiens ! !

A LA DOUCE AMIE

Çà : badinons — j'ai ma cravache —
Prends ce mors, bijou d'acier gris ;
— Tiens : ta dent joueuse le mâche...
En serrant un peu : tu souris...

— Han !... C'est pour te faire la bouche...
— Vlan !... C'est pour chasser une mouche...
Veux-tu sentir te chatouiller
L'éperon, honneur de ma botte ?...
— Et la *Folle-du-logis* trotte... —
Jouons à l'Amour-cavalier !

Porte-beau ta tête altière,
Laisse mes doigts dans ta crinière...
J'aime voir ton beau col ployer !...
Demain : je te donne un collier.

— Pourquoi regarder en arrière!...
Ce n'est rien : c'est une étrivière...
Une étrivière... et — je te tiens !

. . . .

Et tu m'as aimé... — rosse, tiens !

A MON CHIEN POPE

— GENTLEMAN-DOG FROM NEW-LAND —

mort d'une balle.

Toi : ne pas suivre en domestique,
Ni lécher en fille publique !
— Maître-philosophe cynique ;
N'être pas traité comme un chien,
Chien ! tu le veux — et tu fais bien.

— Toi ! rester toi ; ne pas connaître
Ton écuelle ni ton maître,
Ne jamais marcher sur les mains,
Chien ! — c'est bon pour les humains.

... Pour l'amour — qu'à cela ne tienne :
Viole des chiens — Gare la Chienne !

Mords — Chien — et nul ne te mordra.
Emporte le morceau — Hurrah ! —

Mais après, ne fais pas la bête ;
S'il faut payer — paye — Et fais tête
Aux fouets qu'on te montrera.

— Pur ton sang! pur ton chic sauvage !
— Hurler, nager —
Et, si l'on te fait enrager...
— Enrage!

Ile de Batz. — Octobre.

A UN JUVÉNAL DE LAIT

Incipe, parve puer, risu cognoscere.

A grands coups d'aviron de douze pieds, tu rames
En vers... et contre tout — Hommes, auvergnats, femmes.
Tu n'as pas vu l'endroit et tu cherches l'envers.
Jeune renard en chasse... Ils sont trop verts — tes vers.

C'est le *vers solitaire*. — On le purge. — *Ces Dames*
Sont le remède. Après tu feras de tes nerfs
Des cordes à boyau; quand, guitares sans âmes,
Les vers te reviendront déchantés et soufferts.

Hystérique à rebours, ta Muse est trop superbe,
Petit cochon de lait, qui n'as goûté qu'en herbe,
L'âcre saveur du fruit encore défendu.

Plus tard, tu colleras sur papier tes pensées,
Fleurs d'herboriste, mais, autrefois ramassées...
Quand il faisait beau temps au paradis perdu.

A UNE DEMOISELLE

Pour Piano et Chant.

La dent de ton Erard, râtelier osanore,
Et scie et broie à crû, sous son tic tac nerveux,
La gamme de tes dents, autre clavier sonore...
Touches qui ne vont pas aux cordes des cheveux !

— Cauchemar de meunier, ta : *Rêverie agile !*
— Grattage, ton : *Premier Amour à quatre mains !*
O femme transposée en *Morceau difficile*,
Tes croches sans douleur n'ont pas d'accents humains !

Déchiffre au clavecin cet accord de ma lyre ;
Télégraphe à musique, il pourra le traduire ;
Cri d'os, dur, sec, qui plaque et casse — Plangorer...

Jamais ! — La *Clef-de-Sol* n'est pas la clef de l'âme,
La *Clef-de-Fa* n'est pas la syllabe de *Femme*,
Et deux *demi-soupirs*... ce n'est pas soupirer.

DÉCOURAGEUX

Ce fut un vrai poète : il n'avait pas de chant.
Mort, il aimait le jour et dédaigna de geindre.
Peintre : il aimait son art — Il oublia de peindre...
Il voyait trop. — Et voir est un aveuglement.

— Songe-creux : bien profond il resta dans son rêve ;
Sans lui donner la forme de baudruche qui crève,
Sans *ouvrir le bonhomme*, et se chercher dedans.

— Pur héros de roman : il adorait la brune,
Sans voir s'elle était blonde... Il adorait la lune ;
Mais il n'aima jamais — Il n'avait pas le temps.

— Chercheur infatigable : Ici-bas où l'on rame,
Il regardait ramer, du haut de sa grande âme,
Fatigué de pitié pour ceux qui ramaient bien...

Mineur de la pensée : il touchait son front blême,
Pour gratter un bouton ou gratter le problème
        Qui travaillait là — Faire rien. —

— Il parlait : « Oui, la Muse est stérile ! elle est fille
« D'amour, d'oisiveté, de prostitution ;
« Ne la déformez pas en ventre de famille
« Que couvre un étalon pour la production ! »

« O vous tous qui gâchez, maçons de la pensée !
« Vous tous que son caprice a touchés en amants,
« — Vanité, vanité — La folle nuit passée,
« Vous l'affichez *en charge* aux yeux ronds des manants !

« Elle vous effleurait, vous, comme chats qu'on noie,
« Vous avez accroché son aile ou son réseau,
« Fiers d'avoir dans vos mains un bout de plume d'oie,
« Ou des poils à gratter, en façon de pinceau ! »

— Il disait : « O naïf Océan ! O fleurettes,
« Ne sommes-nous pas là, sans peintres, ni poètes !...
« Quel vitrier a peint ! quel aveugle a chanté !...
« Et quel vitrier chante en raclant sa palette,

« Ou quel aveugle a peint avec sa clarinette !
« — Est-ce l'art ?... »
                        — Lui resta dans le Sublime Bête
Noyer son orgueil vide et sa virginité.

(Méditerranée.)

RAPSODIE DU SOURD

*A Madame D****

L'homme de l'art lui dit : — Fort bien, restons-en là.
Le traitement est fait : vous êtes sourd. Voilà
Comme quoi vous avez l'organe bien perdu. —
Et lui comprit trop bien, n'ayant pas entendu.

— « Eh bien, merci Monsieur, vous qui daignez me rendre
      La tête comme un bon cercueil.
Désormais, à crédit, je pourrai tout entendre
      Avec un légitime orgueil...

A l'œil. — Mais gare à l'œil jaloux, gardant la place
De l'oreille au clou!... — Non. — A quoi sert de braver?
...Si j'ai sifflé trop haut le ridicule en face,
En face, et bassement, il pourra me baver!...

Moi, mannequin muet, à fil banal! — Demain,
Dans la rue, un ami peut me prendre la main,

En me disant : vieux pot..., ou rien, en radouci ;
Et je lui répondrai : — Pas mal et vous, merci ! —

Si l'un me corne un mot, j'enrage de l'entendre ;
Si quelque autre se tait : serait-ce par pitié?...
Toujours, comme un *rebus*, je travaille à surprendre
Un mot de travers... — Non. — On m'a donc oublié !

— Ou bien — autre guitare — un officieux être
Dont la lippe me fait le mouvement de paître,
Croit me parler... Et moi je tire, en me rongeant,
Un sourire idiot — d'un air intelligent !

— Bonnet de laine grise enfoncé sur mon âme !
Et — coup de pied de l'âne... Hue ! — Une bonne-femme
Vieille Limonadière, aussi, de la Passion !
Pour venir saliver sa sainte compassion
Dans ma *trompe-d'Eustache*, à pleins cris, à plein cor,
Sans que je puisse au moins lui marcher sur un cor !

— Bête comme une vierge et fier comme un lépreux,
Je suis là, mais absent... On dit : Est-ce un gâteux,
Poète muselé, hérisson à rebours?... —
Un haussement d'épaule, et ça veut dire : un sourd.

— Hystérique tourment d'un Tantale acoustique !
Je vois voler des mots que je ne puis happer ;
Gobe-mouche impuissant, mangé par un moustique,
Tête de turc gratis où chacun peut taper.

O musique céleste : entendre, sur du plâtre,
Gratter un coquillage ! un rasoir, un couteau
Grinçant dans un bouchon !... un couplet de théâtre !
Un os vivant qu'on scie ! un monsieur ! un rondeau !...

— Rien — Je parle sous moi... Des mots qu'à l'air je jette
De chic, et sans savoir si je parle en indou...
Ou peut-être en canard, comme la clarinette
D'un aveugle bouché qui se trompe de trou.

— Va donc, balancier soûl affolé dans ma tête !
Bats en branle ce bon tam-tam, chaudron fêlé
Qui rend la voix de femme ainsi qu'une sonnette,
Qu'un coucou !... quelquefois : un moucheron ailé...

— Va te coucher, mon cœur ! et ne bats plus de l'aile.
Dans la lanterne sourde étouffons la chandelle,
Et tout ce qui vibrait là -- je ne sais plus où —
Oubliette où l'on vient de tirer le verrou.

— Soyez muette pour moi, contemplative Idole,
Tous les deux, l'un par l'autre, oubliant la parole,
Vous ne me direz mot : je ne répondrai rien...
Et rien ne pourra dédorer l'entretien.

Le silence est d'or (Saint Jean Chrysostome).

FRÈRE ET SŒUR JUMEAUX

Ils étaient tous deux seuls, oubliés là par l'âge...
Ils promenaient toujours tous les deux, à longs pas,
Obliquant de travers, l'air piteux et sauvage...
Et deux pauvres regards qui ne regardaient pas.

Ils allaient devant eux essuyant les risées,
— Leur parapluie aussi, vert, avec un grand bec —
Serrés l'un contre l'autre et roides, sans pensées...
Eh bien, je les aimais — leur parapluie avec ! —

Ils avaient tous les deux servi dans les gendarmes :
La Sœur à la *popotte,* et l'Autre sous les Armes ;
Ils gardaient l'uniforme encor — veuf de galon ;
Elle avait la barbiche, et lui le pantalon.

Un dimanche de Mai que tout avait une âme,
Depuis le champignon jusqu'au paradis bleu,
Je flânais aux bois, seul — à deux aussi : la femme
Que j'aimais comme l'air... m'en doutant assez peu.

—Soudain, au coin d'un champ, sous l'ombre verdoyante
Du parapluie éclos, nichés dans un fossé,
Mes Vieux Jumeaux, tous deux, à l'aube souriante,
Souriaient rayonnants... quand nous avons passé.

Contre un arbre, le vieux jouait de la musette,
Comme un sourd aveugle, et sa sœur dans un sillon,
Grelottant au soleil, écoutait un grillon
Et remerciait Dieu de son beau jour de fête.

— Avez-vous remarqué l'humaine créature
Qui végète loin du vulgaire intelligent,
Et dont l'âme d'instinct, au trait de la figure,
Se lit... — N'avez-vous pas aimé de chien couchant?...

Ils avaient de cela. — De retour dans l'enfance,
Tenant chaud l'un à l'autre, ils attendaient le jour
Ensemble pour la mort comme pour la naissance...
— Et je les regardais en pensant à l'amour...

Mais l'Amour que j'avais près de moi voulut rire;
Et moi, pauvre honteux de mon émotion,
J'eus le cœur de crier au vieux duo : Tityre! —
. . . .
Et j'ai fait ces vieux vers en expiation.

LITANIE DU SOMMEIL

> « J'ai scié le sommeil! »
> (MACBETH.)

*

Vous qui ronflez au coin d'une épouse endormie,
RUMINANT! savez-vous ce soupir : L'INSOMNIE?
— Avez-vous vu la Nuit, et le Sommeil ailé,
Papillon de minuit dans la nuit envolé,
Sans un coup d'aile ami, vous laissant sur le seuil,
Seul, dans le pot-au-noir au couvercle sans œil!
— Avez-vous navigué?... La pensée est la houle
Ressassant le galet : ma tête... votre boule.
— Vous êtes-vous laissé voyager en ballon?
— Non? — bien, c'est l'insomnie. — Un grand coup de talon
Là! — Vous voyez cligner des chandelles étranges :
Une femme, une Gloire en soleil, des archanges...
Et, la nuit s'éteignant dans le jour à demi,
Vous vous réveillez coi, sans vous être endormi,

*

SOMMEIL! écoute-moi : je parlerai bien bas :
Sommeil. — Ciel-de-lit de ceux qui n'en ont pas!

Toi qui planes avec l'Albatros des tempêtes,
Et qui t'assieds sur les casques-à-mèche honnêtes!
SOMMEIL! — Oreiller blanc des vierges assez bêtes!
Et Soupape à secret des vierges assez faites!
— Moelleux Matelas de l'échine en arête!
Sac noir où les chassés s'en vont cacher leur tête!
Rôdeur de boulevard extérieur! Proxénète!
Pays où le muet se réveille prophète!
Césure du vers long, et Rime du poète!

SOMMEIL! — Loup-Garou gris! Sommeil Noir de fumée!
SOMMEIL! — Loup de velours, de dentelle embaumée!
Baiser de l'Inconnue, et Baiser de l'Aimée!
— SOMMEIL! Voleur de nuit! Folle-brise pâmée!
Parfum qui monte au ciel des tombes parfumées!

Carrosse à Cendrillon ramassant *les Traînées!*
Obscène Confesseur des dévotes mort-nées!

Toi qui viens, comme un chien, lécher la vieille plaie
Du martyr que la mort tiraille sur sa claie!

O sourire forcé de la crise tuée!
Sommeil! Brise alizée! Aurorale buée!

Trop-plein de l'existence, et Torchon neuf qu'on passe
Au CAFÉ DE LA VIE, à chaque assiette grasse!
Grain d'ennui qui nous pleut de l'ennui des espaces!
Chose qui court encore, sans sillage et sans traces!
Pont-levis des fossés! Passage des impasses!

Sommeil! Caméléon tout pailleté d'étoiles!
Vaisseau-fantôme errant tout seul à pleines voiles!
Femme du rendez-vous, s'enveloppant d'un voile!
Sommeil! — Triste Araignée, étends sur moi ta toile!

Sommeil auréolé! féerique Apothéose,
Exaltant le grabat du déclassé qui pose!
Patient Auditeur de l'incompris qui cause!
Refuge du pêcheur, de l'innocent qui n'ose!

Domino! Diables-bleus! Ange-gardien-rose!
Voix mortelle qui vibre aux immortelles ondes!
Réveil des échos morts et des choses profondes,
— Journal du soir : TEMPS, SIÈCLE et REVUE DES DEUX MONDES!

8

Fontaine de Jouvence et Borne de l'envie !
— Toi qui viens assouvir la faim inassouvie !
Toi qui viens délier la pauvre âme ravie,
Pour la noyer d'air pur au large de la vie !

Toi qui, le rideau bas, viens lâcher la ficelle
Du chat, du commissaire et de Polichinelle,
Du violoncelliste et de son violoncelle,
Et la lyre de ceux dont la Muse est pucelle !

Grand Dieu, Maître de tout ! Maître de ma Maîtresse
Qui me trompe avec toi — l'amoureuse Paresse —
O Bain de voluptés ! Eventail de caresse !

Sommeil ! Honnêteté des voleurs ! Clair de lune
Des yeux crevés ! — Sommeil ! Roulette de fortune
De tout infortuné ! Balayeur de rancune !

O corde de pendu de la Planète lourde !
Accord éolien hantant l'oreille sourde !
— Beau Conteur à dormir debout : conte ta bourde ?...
Sommeil ! — Foyer de ceux dont morte est la falourde !

SOMMEIL! — Foyer de ceux dont la falourde est morte!
Passe-partout de ceux qui sont mis à la porte!
Face-de-bois pour les créanciers et leur sorte!
Paravent du mari contre la femme forte!

Surface des profonds! Profondeur des jocrisses!
Nourrice du soldat et soldat des nourrices!
Paix des juges de paix! Police des polices!
SOMMEIL! — Belle-de-nuit entr'ouvrant son calice!
Larve, Ver-Luisant et nocturne Cilice!
Puits de vérité de monsieur La Palisse!

Soupirail d'en haut! Rais de poussière impalpable
Qui viens rayer du jour la lanterne implacable!

*

SOMMEIL! — Ecoute-moi, je parlerai bien bas :
Crépuscule flottant de l'*Être ou n'Être pas!*...

Sombre lucidité! Clair-obscur! Souvenir
De l'Inouï! Marée! Horizon! Avenir!
Conte des *Mille et une nuits* doux à ouïr!

Lampiste d'*Aladin* qui sais nous éblouir!
Eunuque noir! muet blanc! Derviche! Djinn! Fakir!
Conte de Fée où *le Roi* se laisse assoupir!
Forêt-vierge où *Peau-d'Ane* en pleurs va s'accroupir!
Garde-manger où l'*Ogre* encor va s'assouvir!
Tourelle où *ma sœur Anne* allait voir rien venir!
Tour où *dame Malbrouck* voyait page courir!
Où *Femme Barbe-Bleue* oyait l'heure mourir!
Où *Belle au Bois Dormant* dormait dans un soupir!

Cuirasse du petit! Camisole du fort!
Lampion des éteints! Éteignoir du remord!
Conscience du juste, et du pochard qui dort!
Contre-poids des poids faux de l'épicier de Sort!
Portrait enluminé de la livide Mort!

Grand fleuve où Cupidon va retremper ses dards.
SOMMEIL! — Corne de Diane, et corne du cornard!
Couveur de magistrats et Couveur de lézards!
Marmite d'*Arlequin!* — bout de cuir, lard, homard —
SOMMEIL! Noce de ceux qui sont dans les beaux-arts.

Boulet des forcenés, Liberté des captifs!
Sabbat du somnambule et Relais des poussifs! —

Somme! Actif du passif et Passif de l'actif!
Pavillon de *la Folle* et *Folle* du poncif!...
— O viens changer de patte au cormoran pensif!

O brun Amant de l'Ombre! Amant honteux du jour!
Bal de nuit où Psyché veut démasquer l'Amour!
Grosse Nudité du chanoine en jupon court!
Panier-à-salade idéal! Banal four!
Omnibus où, dans l'Orbe, on fait pour rien un tour.

Sommeil! Drame hagard! Sommeil, molle Langueur!
Bouche d'or du silence et Bâillon du blagueur!
Berceuse des vaincus! Perchoir des coqs vainqueurs!
Alinéa du livre où dorment les longueurs!

Du jeune homme rêveur singulier Féminin!
De la femme rêvant pluriel masculin!

Sommeil! — Râtelier du Pégase fringant!
Sommeil! — Petite pluie abattant l'ouragan!
Sommeil! — Dédale vague où vient le revenant!
Sommeil! Long corridor où plangore le vent!

8.

Néant du fainéant! Lazzarone infini!
Aurore boréale au sein du jour terni!

SOMMEIL. — Autant de prix sur notre éternité!
Tour du cadran *à blanc!* Clou du Mont-de-Piété!
Héritage en Espagne à tout déshérité!
Coup de rapière dans l'eau du fleuve Léthé!
Génie au nimbe d'or des grands hallucinés!
Nid des petits hiboux! Aile des déplumés!

Immense Vache à lait dont nous sommes les veaux!
Arche où le hère et le boa changent de peaux!
Arc-en-ciel miroitant! Faux du vrai! Vrai du faux!
Ivresse que la brute appelle le repos!
Sorcière de Bohême à sayon d'oripeaux!
Tityre sous l'ombrage essayant des pipeaux!
Temps qui porte un chibouck à la place de faux!
Parque qui met un peu d'huile à ses ciseaux !
Parque qui met un peu de chanvre à ses fuseaux!
Chat qui joue avec le peloton d'Atropos!

SOMMEIL! — Manne de grâce au cœur disgracié!
. . . .

LE SOMMEIL S'ÉVEILLANT ME DIT : TU M'AS SCIÉ.

. . . .

*

Toi qui souffles dessus une épouse enrayée,
RUMINANT! dilatant ta pupille éraillée;
Sais-tu?... Ne sais-tu pas ce soupir — LE RÉVEIL! —
Qui bâille au ciel, parmi les crins d'or du soleil
Et les crins fous de ta Déesse ardente et blonde?...
— Non?... — Sais-tu le réveil du philosophe immonde
— Le Porc — rognonnant sa prière du matin;
Ou le réveil, extrait d'âge de la catin?...
As-tu jamais sonné le réveil de la meute;
As-tu jamais senti l'éveil sourd de l'émeute,
Ou le réveil de plomb du malade fini?
As-tu vu s'étirer l'œil des Lazzaroni?...
Sais-tu?... ne sais-tu pas le chant de l'alouette?
— Non. — Gluants sont tes cils, pâteuse est ta luette,
Ruminant! Tu n'as pas l'INSOMNIE, éveillé;
Tu n'as pas LE SOMMEIL, ô Sac ensommeillé!

(*Lits divers. — Une nuit de jour.*)

IDYLLE COUPÉE

Avril.

C'est très parisien dans les rues
Quand l'Aurore fait le trottoir,
De voir sortir toutes les Grues
Du violon, ou de leur boudoir...

Chanson pitoyable et gaillarde :
Chiffons fanés papillotants,
Fausse note rauque et criarde
Et petits traits crûs, turlutants :

Velours râtissant la chaussée ;
Grande-duchesse mal chaussée,
Cocotte qui court becqueter
Et qui dit bonjour pour chanter...

J'aime les voir, tout plein légères,
Et, comme en façon de prières,
Entrer dire — Bonjour, gros chien —
Au *merlan,* puis au pharmacien.

J'aime les voir, chauves, déteintes,
Vierges de seize à soixante ans,
Rossignoler pas mal d'absinthes,
Perruches de tout leur printemps ;

Et puis *payer le mannezingue,*
Au *Polyte* qui sert d'Arthur,
Bon jeune homme né *brandezingue,*
Dos-bleu sous la blouse d'azur.

— C'est au boulevard excentrique,
Au — BON RETOUR DU CHAMP DU NORD —
Là : toujours vert le jus de trique,
Rose le nez des Croque-mort...

Moitié panaches, moitié cire,
Nez croqués vifs au demeurant,
Et gais comme un enterrement...
— Toujours le petit *mort* pour rire ! —

Le voyou siffle — vilain merle —
Et le poète de charnier
Dans ce fumier cherche la perle,
Avec le peintre chiffonnier.

Tous les deux fouillant la pâture
De leur art... à coups de grouins ;
Sûrs toujours de trouver l'ordure.
— C'est le fonds qui manque le moins.

C'est toujours un fond chaud qui fume,
Et, par le soleil, lardé d'or...
Le rapin nomme ça : bitume ;
Et le marchand de lyre : accord.

— Ajoutez une pipe en terre
Dont la spirale fait les cieux...
Allez : je plains votre misère,
Vous qui trouvez qu'on trouve mieux !

C'est le *Persil* des gueux sans poses,
Et des riches sans un radis...
— Mais ce n'est pas pour vous, ces choses,
O provinciaux de Paris !...

Ni pour vous, essayeurs de sauces,
Pour qui l'azur est un ragoût!
Grands empâteurs d'emplâtres fausses,
Ne fesant rien, fesant partout!

— Rambranesque! Raphaélique!
— Manet et Courbet au milieu —
...Ils donnent des noms de fabrique
A la pochade du bon Dieu!

Ces *Gulimard cherchant la ligne,*
Et ces *Ducornet-né-sans-bras,*
Dont la blague, de chic, vous signe
N'importe quoi... qu'on ne peint pas.

Dieu garde encor l'homme qui glane
Sur le soleil du promenoir,
De flairer jamais la soutane
De la vieille dame au bas noir!

...On dégèle, animal nocturne,
Et l'on se détache en vigueur;
On veut, aveugle taciturne,
A toi tout seul être blagueur,

Savates et chapeau grotesque
Deviennent de l'antique pur;
On se colle comme une fresque
Enrayonnée au pied d'un mur.

Il coule une divine flamme,
Sous la peau; l'on se sent avoir
Je ne sais quoi qui fleure l'âme...
Je ne sais — mais ne veux savoir.

La Muse malade s'étire...
Il semble que l'huissier sursoit...
Soi-même on cherche à se sourire,
Soi-même on a pitié de soi.

Volez, mouches et demoiselles!...
Le gouapeur aussi vole un peu
D'idéal... Tout n'a pas des ailes...
Et chacun vole comme il peut.

— Un grand pendard, cocasse, triste,
Jouissait de tout ça, comme moi,
Point ne lui demandais pourquoi...
Du reste — une gueule d'artiste —

Il reluquait surtout la tête
Et moi je reluquais le pié.
— Jaloux... pourquoi? c'eût été bête,
Ayant chacun notre moitié. —

Ma béatitude nagée
Jamais, jamais n'avait bravé
Sa silhouette ravagée
Plantée au milieu du pavé...

— Mais il fut un Dieu pour ce drille :
Au soleil loupant comme ça,
Dessinant des yeux une fille...
— Un omnibus vert l'écrasa.

LE CONVOI DU PAUVRE

(Paris, le 30 avril 1873,
Rue Notre-Dame-de-Lorette.)

Ça monte et c'est lourd — Allons, Hue!
— Frères de renfort, votre main?...
C'est trop!... et je fais le gamin;
C'est mon Calvaire cette rue!

Depuis Notre-Dame-Lorette...
— Allons! *la Cayenne* est au bout,
Frère! du cœur! encor un coup!...
— Mais mon âme est dans la charrette :

Corbillard dur à fendre l'âme.
Vers en bas l'attire un aimant;
Et du piteux enterrement
Rit la Lorette notre dame...

C'est bien ça — Splendeur et misère! —
Sous le voile en trous a brillé

Un bout du tréteau funéraire;
Cadre d'or riche... et pas payé.

La pente est âpre, tout de même,
Et les stations sont des *fours*,
Au tableau remontant le cours
De l'Elysée à la Bohême...

— Oui, camarade, il faut qu'on suc
Après son harnais et son art!...
Après les ailes : le brancard !
Vivre notre métier — ça tue...

Tués l'idéal et le râble !
Hue !... Et le cœur dans le talon !
. . . .
— Salut au convoi misérable
Du peintre écrémé du Salon !

— Parmi les martyrs ça te range;
C'est prononcé comme l'arrêt
De Raphaël, peintre au nom d'ange,
Par le Peintre au nom de... Courbet !

DÉJEUNER DE SOLEIL

                    Bois de Boulogne, 1ᵉʳ mai.

Au Bois, les lauriers sont coupés,
Mais le *Persil* verdit encore ;
Au *Serpolet*, petits coupés
Vertueux vont lever l'Aurore...

L'Aurore brossant sa palette :
Kh'ol, carmin et poudre de riz ;
Pour faire dire — la coquette —
Qu'on fait bien les ciels à Paris.

Par ce petit-lever de Mai,
Le Bois se croit à la campagne :
Et, fraîchement trait, le champagne
Semble de la mousse de lait.

Là, j'ai vu les *Chère Madame*
S'encanailler avec le frais...
Malgré tout prendre un vrai bain d'âme !
— Vous vous engommerez après. —

... La voix à la note expansive :
— Vous comprenez ; voici mon truc :
Je vends mes Memphis, et j'arrive...
—Cent louis!...—Eh, Eh! Bibi...—Mon duc?...

On presse de petites mains :
— Tiens... assez pur cet attelage. —
Même les cochers, au dressage,
Redeviennent simples humains.

— Encor toi! vieille *Belle-Impure!*
Toujours, les pieds au plat, tu sors,
Dans ce déjeuner de nature,
Fondre un souper à huit ressorts... —

Voici l'école buissonnière :
Quelques maris jaunes de teint,
Et qui *rentrent dans la carrière*
D'assez bonne heure... le matin,

Le lapin inquiet s'arrête,
Un sergent-de-ville s'assied,
Le sportsman promène sa bête,
Et le rêveur la sienne — à pied. —

Arthur même a presque une tête,
Son faux-col s'ouvre matinal...
Peut-être se sent-il poète,
Tout comme *Byron* — son cheval.

Diane au petit galop de chasse
Fait galoper les papillons
Et caracoler sur sa trace,
Son Tigre et les vieux beaux Lions.

Naseaux fumants, grand œil en flamme,
Crins d'étalon : cheval et femme
Saillent de l'avant!...
                    — Peu poli.
— Pardon : *maritime...* et joli.

VEDER NAPOLI POI MORI

Voir *Naples et...* — Fort bien, merci, j'en viens.
                                                 — Patrie
D'Anglais en vrai, mal peints sur fond bleu-perruquier!
Dans l'indigo l'artiste en tous genres oublie
Ce *Ne-m'oubliez-pas* d'outremer : le douanier.

— O Corinne!... ils sont là déclamant sur ma malle...
Lasciate speranza, mes cigares dedans!
— O Mignon!... ils ont tout éclos mon linge sale
Pour le passer au bleu de l'éternel printemps!

Ils demandent *la main*... et moi je la leur serre!
Le portrait de ma Belle, avec *morbidezza*
Passe de mains en mains : l'inspecteur sanitaire
L'ausculte, et me sourit... trouvant *que c'est bien ça!*

Je venais pour chanter leur illustre guenille,
Et leur chantage a fait de moi-même un haillon!
Effeuillant mes faux-cols, l'un d'eux m'offre sa fille...
Effeuillant le faux-col de mon illusion!

— Naples! panier percé des Seigneurs *Lazzarones*
        Riches d'un doux ventre au soleil!
Polichinelles-Dieux, Rois pouilleux sur leurs trônes,
Clyso-pompant l'azur qui bâille leur sommeil!...

O Grands en rang d'oignons! Plantes de pieds en lignes
Vous dont la parure est un sac, un aviron!
Fils réchauffés du vieux Phœbus! Et toujours dignes
Des chansons de Musset, du mépris de Byron!...

— Chœurs de *Mazanielli*, Torses de mandolines!
Vous dont le métier est d'être toujours dorés
De rayons et d'amour... et d'ouvrir les narines,
Poètes de plein air? O frères adorés!

Dolce Farniente!... — Non! c'est mon sac!... il nage
Parmi ces asticots, comme un chien crevé;
Et ma malle est hantée aussi... comme un fromage!
Inerte, ô Galilée! et... *è pur si muove*...

— Ne ruolze plus ça, toi, grand Astre stupide!
Tas de pâles voyous grouillant à se nourrir;
Ce n'est plus le lézard, c'est la sangsue à vide...
— Dernier *lazzarone* à moi la bon Dormir!

(Napoli — Dogana del porto.

VÉSUVES ET Cⁱᵉ

Pompéïa-station — Vésuve, est-ce encore toi !
Toi qui fis mon bonheur, tout petit, en Bretagne,
— Du bon temps où la foi transportait la montagne —
Sur un bel abat-jour, chez une tante à moi :

Tu te détachais noir, sur un fond transparent,
Et la lampe grillait les feux de ton cratère.
C'était le confesseur, dit-on, de ma grand'mère
Qui l'avait rapporté de Rome tout flambant...

Plus grand, je te revis à l'Opéra-Comique.
— Rôle jadis créé par toi : *Le Dernier Jour
De Pompéï.* — Ton feu s'en allait en musique,
On te soufflait ton rôle, et... tu ne fis qu'un four.

— Nous nous sommes revus : devant-de-cheminée,
A Marseille, en congé, sans musique, et sans feu :
Bleu sur fond rose, avec ta Méditerranée
Te renvoyant pendu, rose sur un champ bleu.

— Souvent tu vins à moi la première, ô Montagne !
Je te rends ta visite, exprès, à la campagne.
Le Vrai Vésuve est toi, puisqu'on m'a *fait* cent francs!
. . . .
Mais les autres petits étaient plus ressemblants.

Pompeï, aprile

SONETO A NAPOLI
ALL' SOLE, ALL' LUNA
ALL' SABATO, ALL' CANONICO E TUTTI QUANTI
— CON PULCINELLA —

Il n'est pas de Samedi
Qui n'ait soleil à midi ;
Femme ou fille soleillant,
Qui n'ait midi sans amant !...

Lune, Bouc, Curé cafard
Qui n'ait tricorne cornard !
— Corne au front et corde au seuil
Préserve du mauvais œil. —

... *L'Ombilic du jour filant*
Son macaroni brûlant,
Avec la tarentela :

Lucia, Maz'Aniello,
Santa-Pia, Diavolo,
— CON PULCINELLA. —

Mergelina-Venerdi, aprile 15.

A L'ETNA

> Sicelides Musæ, paulo majora canamus.
> (Virgile.)

Etna — j'ai monté le Vésuve...
Le Vésuve a beaucoup baissé :
J'étais plus chaud que son effluve,
Plus que sa crête hérissé...

— Toi que l'on compare à la femme,..
— Pourquoi ? — Pour ton âge ? ou ton âme
De caillou cuit ?... — Ca fait rêver...
— Et tu t'en fais rire à crever ! —

— Tu ris jaune et tousses : sans doute,
Crachant un vieil amour malsain ;
La lave coule sous la croûte
De ton vieux cancer au sein.

— Couchons ensemble, Camarade !
Là — mon flanc sur ton flanc malade :
Nous sommes frères, par Vénus,
Volcan !...
   Un peu moins... un peu plus...

(Palerme. — Août.)

LE FILS DE LAMARTINE
ET
DE GRAZIELLA

> « C'est ainsi que j'expiai par ces larmes
> « écrites la dureté et l'ingratitude de mon
> « cœur de dix-huit ans. Je ne puis jamais
> « relire ces vers sans adorer cette fraîche
> « image que rouleront éternellement pour
> « moi les vagues transparentes et plaintives
> « du golfe de Naples... et sans me haïr moi-
> « même ; mais les âmes pardonnent là-haut.
> « La sienne m'a pardonné. Pardonnez-moi
> « aussi, vous !! J'ai pleuré. »
> (LAMARTINE. — *Graziella*. — 1 fr. 25 le vol.

A l'île de Procide, où la mer de Sorrente
Scande un flot hexamètre à la fleur d'oranger,
Un Naturel se fait une petite rente
    En *Graziellant* l'Étranger...

L'Étrangère surtout, confite en Lamartine,
Qui paye pour fluer, vers à vers, sur les lieux...

— Du *Cygne-de-Saint-Point* l'Homme a si bien la mine,
Qu'on croirait qu'il va rendre un vers... harmonieux.

C'est un peintre inspiré qui lui trouva sa balle,
Sa balle de profil : — Oh mais ! dit-il, voilà !
Je te baptise, au nom de la couleur locale :
— LE FILS DE LAMARTINE ET DE GRAZIELLA ! —

Vrai portrait du portrait de Rafaël fort triste¹...
Fort triste, pressentant qu'il serait décollé
De sa toile, pour vivre en la peau du *Harpiste*
Ainsi que de son fils, rafaël raffalé.

— *Raphaël-Lamartine et fils !* — O Fornarine-
Graziella ! Vos noms font de petits profits ;
L'écho dit pour deux sous : *Le Fils de Lamartine !*
Si Lamartine eût pu jamais avoir un Fils !

— Et toi, Graziella... Toi, Lesbienne Vierge !
Nom d'amour, que, sopran'il a tant déchanté !...
Nom de joie !... et qu'il a pleuré — Jaune cierge —
Tu n'étais vierge que de sa virginité !

¹ Lamartine avoue quelque part qu'un seul portrait lui ressemblait alors : Celui de Raphaël peint par lui-même.

— Dis : moins éoliens étaient, ô Grazielle,
Tes Mâles d'Ischia ?... que ce pieux Jocelyn
Qui tenait, à côté, la lyre et la chandelle...
Et, de loin, t'enterrait en chants de sacristain...

Ces souvenirs sont loin... Dors, va ! Dors sous les pierres
    Que voit, n'importe où, l'étranger,
Où fait paître ton Fils des familles entières
— Citron prématuré de ta Fleur d'Oranger. —

Dors — l'Oranger fleurit encor... encor se fane ;
Et la rosée et le soleil ont eu ses fleurs...
Le Poète apothicaire en a fait sa tisane :
    Remède à vers ! remède à pleurs !

Dors — l'Oranger fleurit encor... et la mémoire
Des jeunes d'autrefois dont l'ombre est encor là,
Qui ne t'ont pas pêchée au fond d'une écritoire...
Et n'en pêchaient que mieux ! — dis, ô *picciola* !

— Mère de l'Antechrist de Lamartine-Père,
Aurore qui mourus sous un coup d'éteignoir,
Ton Orphelin, posthume et de père et de mère,
Allait — quand tu naquis — déjà comme un vieux Soir.

Graziella! — Conception trois fois immaculée...
D'un platonique amour, Messie et Souvenir,
Ce Fils avait vingt ans quand, Mère inoculée,
Tu mourus à seize ans!... C'est bien tôt pour nourrir!

— Pour toi : c'est ta seule œuvre mâle, ô Lamartine,
Saint Joseph de la Muse, avec elle couché,
Et l'aidant à vêler... par la grâce divine :
Ton fils avant la lettre est conçu sans péché !...

— Lui se souvient très peu de ces scènes passées...
Mais il *laisse le vent et le flot murmurer*,
Et l'étranger, plongeant dans ses tristes pensées...
    En tirer un franc — pour pleurer!

Et, tout bas, il vous dit, de murmure en murmures :
Que sa fille ressemble à l'Autre... et qu'elle est là,
Qu'on peut pleurer, à l'heure, avec des rimes pures,
Et... — *pour cent sous, Signor* — nommer Graziella !

(Isola di Capri. — Gennaio.)

LIBERTA

A la cellule IV BIS *(prison royale de Gênes).*

— Lasciate ogni. —
(Dante.)

O belle hospitalière
Qui ne me connais pas,
Vierge publique et fière
Qui m'as ouvert les bras !...
Rompant ma longue chaîne,
L'eunuque m'a jeté
Sur ton sein royal, Reine !..,
— Vanité, vanité ! —

Comme la Vénus nue,
D'un bain de lait de chaux
Tu sors, blanche Inconnue,
Fille des noirs cachots
Où l'on pleure, d'usage...

Libertà. Ce mot se lit au fronton de la prison à Gênes (?)

— Moi : jamais n'ai chanté
Que pour toi, dans ta cage,
Cage de la gaîté !

La misère parée
Est dans le grand égout ;
Dépouillons la livrée
Et la chemise et tout !
Que tout mon baiser couvre
Ta franche nudité...
Vraie ou fausse, se rouvre
Une virginité !

— Plus ce ciel louche et rose
Ni ce soleil d'enfer !...
— Ta paupière mi-close,
Tes cils, barreaux de fer !
Ta ceinture-dorée,
De fer ! — Fidélité —
Et ta couche encastrée
Tombeau de volupté !

A nos cœurs plus d'alarmes :
Libres et bien à nous !...

Sens planer les gendarmes,
Pigeons du rendez-vous ;
Et Cupidon-Cerbère
A qui la sûreté
De nos amours est chère...
Quatre murs ! — Liberté !

Ho ! l'Espérance folle
— Ce crampon — est au clou.
L'existence qui colle
Est collée à l'écrou.
Le souvenir qui hante
A l'huys est resté ;
L'huys n'a pas de fente...
— Oh le carcan ôté ! —

Laissons venir la Muse,
Elle osera chanter ;
Et, si le jeu t'amuse,
Je veux te la prêter...
Ton petit lit de sangle,
Pour nous a rajouté
Les *trois bouts du triangle* :
Triple amour ! — Trinité !

Plus d'huissiers aux mains sales !
Ni mains de chers amis !
Ni menottes banales !...
— Mon nom est *Quatre-Bis*. —
Hors la terrestre croûte,
Désert mal habité,
Loin des mortels je goûte
Un peu d'éternité.

— Prison, sûre conquête
Où le poète est roi !
Et boudoir plus qu'honnête
Où le sage est chez soi.
Cruche, au moins ingénue,
Puits de la vérité !
Vide, quand on l'a bue...
— Vase de pureté —

— Seule est ta solitude,
Et béats tes ennuis
Sans pose et sans étude...
Plus de jours, plus de nuits !
C'est tout le temps dimanche
Et le far-niente

Dort pour moi sur la planche
De l'idéalité...

... Jusqu'au jour de misère
Où, condamné, je sors
Seul, ramer ma galère...
Là, n'importe où,... dehors.
Laissant emprisonnée
A perpétuité
Cette fleur cloisonnée,
Qui fut ma liberté...

— Va : reprends, froide et dure,
Pour le captif oison,
Ton masque, ta figure
De porte de prison...
Que d'autres, basse race
Dont le dos est voûté,
Pour eux te trouve basse,
Altière déité !

(Cellule 4 *bis*. — Genova-la-Superba.)

HIDALGO !

Ils sont fiers ceux-là !... comme poux sur la gale !
C'est à la don-juan qu'ils vous *font* votre malle.
Ils ne sentent pas bon, mais ils fleurent le preux :
Valeureux vauriens, crétins chevalereux !
Prenant sans demander — toujours suant la race, —
Et demandant un sol, — mais toujours pleins de grâce...

Là, j'ai fait le croquis d'un mendiant à cheval :
— Le Cid... un cid par un *été* de carnaval :

— Je cheminais — à pieds — trainant une compagne;
Le soleil craquelait la route en blanc-d'Espagne;
Et *le cid* fut sur nous en un temps de galop...
Là, me pressant entre le mur et le garrot :
— Ah ! seigneur *Cavalier*, d'honneur ! sur ma parole !
Je mendis à genoux : un oignon... une obole ?... —
(Et son cheval paissait mon col.) — Pauvre animal,
Il vous aime déjà ! Ne prenez pas à mal...

— Au large !—Oh ! mais : au moins votre bout de cigare
La Vierge vous le rende. — Allons : au large ! ou : gare
(Son pied nu prenait ma poche en étrier.)
— Pitié pour un infirme, ô seigneur cavalier...
— Tiens donc un sou... — Señor, que jamais je n'oublie
Votre Grâce ! Pardon, je vous ai retardé...
Señora : Merci, toi ! pour être si jolie...
Ma Jolie, et : Merci pour m'avoir regardé !

(Cosas de Espana.)

PARIA

Qu'ils se payent des républiques,
Hommes libres ! — carcan au cou —
Qu'ils peuplent leurs nids domestiques !...
— Moi je suis le maigre coucou.

— Moi, — cœur eunuque, dératé
De ce qui mouille et ce qui vibre...
Que me chante leur Liberté,
A moi : toujours seul. Toujours libre.

— Ma Patrie... elle est par le monde ;
Et, puisque la planète est ronde,
Je ne crains pas d'en voir le bout...
Ma patrie est où je la plante :
Terre ou mer, elle est sous la plante
De mes pieds — quand je suis debout.

Quand je suis couché : ma patrie
C'est la couche seule et meurtrie
Où je vais forcer dans mes bras
Ma moitié, comme moi sans âme ;
Et ma moitié : c'est une femme...
Une femme que je n'ai pas.

— L'idéal à moi : c'est un songe
Creux ; mon horizon — l'imprévu —
Et le mal du pays me ronge...
Du pays que je n'ai pas vu.

Que les moutons suivent leur route,
De Carcassonne à Tombouctou...
— Moi, ma route me suit. Sans doute
Elle me suivra n'importe où.

Mon pavillon sur moi frissonne,
Il a le ciel pour couronne :
C'est la brise dans mes cheveux..
Et dans n'importe quelle langue ;
Je puis subir une harangue ;
Je puis me taire si je veux.

Ma pensée est un souffle aride :
C'est l'air. L'air est à moi partout.
Et ma parole est l'écho vide
Qui ne dit rien — et c'est tout.

Mon passé : c'est ce que j'oublie.
La seule chose qui me lie
C'est ma main dans mon autre main.
Mon souvenir — Rien — C'est ma trace.
Mon présent, c'est tout ce qui passe
Mon avenir — Demain... demain

Je ne connais pas mon semblable ;
Moi, je suis ce que je me fais.
— *Le moi humain est haïssable...*
— Je ne m'aime ni ne me hais.

— Allons ! la vie est une fille
Qui m'a pris à son bon plaisir...
Le mien, c'est : la mettre en guenille,
La prostituer sans désir.

— Des dieux ?... — Par hasard j'ai pu naître ;
Peut-être en est-il — par hasard...

Ceux-là, s'ils veulent me connaître,
Me trouveront bien quelque part.

— Où que je meure : ma patrie
S'ouvrira bien, sans qu'on l'en prie,
Assez grande pour mon linceul...
Un linceul encor : pour que faire ?...
Puisque ma patrie est en terre
Mon os ira bien là tout seul...

ARMOR

PAYSAGE MAUVAIS

Sables de vieux os — Le flot râle
Des glas : crevant bruit sur bruit...
— Palud pâle, où la lune avale
De gros vers pour passer la nuit.

— Calme de peste, où la fièvre
Cuit... Le follet damné languit.
— Herbe puante où le lièvre
Est un sorcier poltron qui fuit...

— La Lavandière blanche étale
Des trépassés le linge sale,
Au *soleil des loups*... — Les crapauds.

Petits chantres mélancoliques
Empoisonnent de leurs coliques,
Les champignons, leurs escabeaux.

(Marais de Guérande. — Avril.)

NATURE MORTE

Des coucous l'*Angelus* funèbre
A fait sursauter, à ténèbre,
Le coucou, pendule du vieux,

Et le chat-huant, sentinelle,
Dans sa carcasse à la chandelle
Qui flamboie à travers ses yeux.

— Ecoute se taire la chouette...
— Un cri de bois : C'est *la brouette
De la Mort*, le long du chemin...

Et, d'un vol joyeux, la corneille
Fait le tour du toit où l'on veille
Le défunt qui s'en va demain.

(Bretagne. — Avril.)

UN RICHE EN BRETAGNE

O fortunatos nimium, sua si...
        VIRGILE.

C'est le bon riche, c'est un vieux pauvre en Bretagne,
Oui, pouilleux de pavé sans eau pure et sans ciel !
— Lui, c'est un philosophe errant dans la campagne ;
Il aime son pain noir sec — pas beurré de fiel...
S'il n'en a pas : bonsoir. — Il connait une crèche
Où la vache lui prête un peu de paille fraîche,
Il s'endort, rêvassant planche-à-pain au milieu,
Et s'éveille au matin en bayant au Bon Dieu.
— *Panem nostrum...* — Sa faim a le goût d'espérance...
Un *Benedicite* s'exhale de sa panse ;
Il sait bien que pour lui l'œil d'en haut est ouvert
Dans ce coin d'où tomba la manne du désert
Et le pain de son sac...
                    Il va de ferme en ferme,
Et jamais à son pas la porte ne se ferme,

RELIURE SERREE, ABSENCE DE MARGES INTERIEURES

— Car sa venue est bien. — Il entre à la maison
Pour allumer sa pipe en soufflant un tison...
Et s'assied. — Quand on a quelque chose, on lui donne;
Alors, il se secoue et rit, tousse et rognonne
Un *Pater* en hébreu. Puis, son bâton en main,
Il reprend sa tournée en disant : à demain.
Le gros chien de la cour en passant le caresse...
— Avec ça, peut-on pas se passer de maîtresse ?...
Et, — qui sait, — dans les champs, un beau jour, la beauté
Peut s'amuser à faire aussi la charité...

— Lui, n'est pas pauvre : il est *Un Pauvre*, — et s'en contente.
C'est un petit rentier, moins l'ennui de la rente,
Seul, il se chante vêpre en berçant son ennui...
— Travailler — Pour que faire ?... On travaille pour lui.
Point ne doit déroger, il perdrait la pratique;
Il doit garder intact son vieux blason mystique.
— Noblesse oblige. — Il est saint : à chaque foyer
Sa niche est là, tout près du grillon familier.
Bon messager boiteux, il a plus d'une histoire
A faire froid au dos, quand la nuit est bien noire...
N'a-t-il pas vu, rôdeur, durant les clairs minuits
Dans la lande danser les *cornandons* maudits...

— Il est simple... peut-être. — Heureux ceux qui sont simples !...
A la lune, n'a-t-il jamais cueilli des simples?...
— Il est sorcier peut-être... et, sur le mauvais seuil,
Pourrait, en s'en allant, jeter le mauvais œil...
— Mais non : mieux vaut porter bonheur; dans les familles,
Proposer ou chercher des maris pour les filles.
Il est de noce alors; très humble desservant
De *la part du bon-dieu.* — Dieu doit être content :
Plein comme feu Noé, son Pauvre est ramassé
Le lendemain matin au revers d'un fossé.

Ah, s'il avait été senti du doux Virgile...
Il eût été traduit par Monsieur Delille,
Comme un « *trop fortuné s'il connût son bonheur...* »

— Merci : ça le connait, ce marmiteux seigneur!

(Saint-Thégonnec.)

SAINT TUPETU

DE

TU-PE-TU

C'est au pays de Léon. — Est une petite chapelle à saint Tupetu. (En breton : *D'un côté ou de l'autre.*)

Une fois l'an, les croyants — fatalistes chrétiens — s'y rendent en pèlerinage, afin d'obtenir, par l'entremise du Saint, le dénoûment fatal de toute affaire nouée : la délivrance d'un malade tenace ou d'une vache pleine ; ou, tout au moins, quelque signe de l'avenir ; tel que c'est écrit là-haut. — *Puisque cela doit être, autant que cela soit de suite... d'un côté ou de l'autre.* — Tupetu.

L'oracle fonctionne pendant la grand'messe : l'officiant fait faire, pour chacun, un tour à la *Roulette-de-chance*, grand cercle en bois fixé à la voûte et manœuvré par une longue corde que Tupetu tient lui-même dans sa main de granit. La roue, garnie de clochettes, tourne en carillonnant ; son point d'arrêt présage l'arrêt du destin : — *D'un côté ou de l'autre.*

Et chacun s'en va comme il est venu, quitte à revenir l'an prochain... *Tu-pe-tu* finit fatalement par avoir son effet.

Il est, dans la vieille Armorique,

Un saint — des saints le plus pointu —

Pointu comme un clocher gothique

Et comme son nom : TUPETU.

Son petit clocheton de pierre
Semble prêt à changer de bout...
Il lui faut, pour tenir debout,
Beaucoup de foi... beaucoup de lierre...

Et, dans sa chapelle ouverte, entre
— Tête ou pieds — tout franc Breton
Pour lui tâter l'œuf dans le ventre,
L'œuf du destin : C'est oui? — c'est non?...

— Plus fort que sainte Cunégonde
Ou Cucugnan de Quilbignon...
Petit prophète au pauvre monde,
Saint de la veine ou du guignon,

Il tient sa *Roulette-de-chance*
Qu'il vous fait aller pour cinq sous;
Ça dit, bien mieux qu'une balance,
Si l'on est dessus ou dessous.

C'est la roulette sans pareille,
Et les grelots qui sont parmi
Vont, là-haut, chatouiller l'oreille
Du coquin de Sort endormi.

Sonnette de la Providence,
Et serinette du Destin ;
Carillon faux, mais argentin ;
Grelottière de l'Espérance...

Tu-pe-tu! — D'un bord ou de l'autre !
Tu-pe-tu! — Banco. — Quitte ou tout !
Juge de paix sans patenôtre...
TUPETU, saint valet d'atout !

Tu-pe-tu! — Pas de milieu !...
TUPETU, sorcier à musique,
Croupier du tourniquet mystique
Pour les macarons du Bon-Dieu !...

Médecin héroïque, il pousse
Le mourant à sauter le pas :
Soit dans la vie à la rescousse...
Soit, à pieds joints, en plein trépas :

— *Tu-pe-tu!* cheval couronné !
— *Tu-pe-tu!* qu'on saute ou qu'on butte !
— *Tu-pe-tu!* vieillard obstiné !...
Au bout du fossé la culbute !

TUPETU, saint tout juste honnête,
Petit Janus chair et poisson !
Saint confesseur à double tête,
Saint confesseur à double fond !...

— Pile-ou-face de la vertu,
Ambigu patron des pucelles
Qui viennent t'offrir des chandelles...
Jésuite! tu dis : *Tu-pe-tu!*

LA RAPSODE FORAINE
ET
LE PARDON DE SAINTE-ANNE

La Palud, 27 août, jour du Pardon.

Bénite est l'infertile plage
Où, comme la mer, tout est nud.
Sainte est la chapelle sauvage
De Sainte-Anne-de-la-Palud.

De la Bonne Femme Sainte Anne,
Grand'tante du petit Jésus,
En bois pourri dans sa soutane
Riche... plus riche que Crésus!

Contre elle la petite Vierge,
Fuseau frêle, attend l'*Angelus*;
Au coin, Joseph tenant son cierge,
Niche, en saint qu'on ne fête plus...

. . . .

C'est le *Pardon*. — Liesse et mystères —
Déjà l'herbe rase a des poux...
— *Sainte Anne, Onguent des belles-mères!*
Consolation des époux!...

Des paroisses environnantes :
De Plougastel et Loc-Tudy,
Ils viennent tous planter leurs tentes,
Trois nuits, trois jours, — jusqu'au lundi.

Trois jours, trois nuits, la palud grogne,
Selon l'antique rituel,
— Chœur séraphique et chant d'ivrogne —
Le *CANTIQUE SPIRITUEL.*

.ˑ.

Mère taillée à coups de hache,
Tout cœur de chêne dur et bon;
Sous l'or de la robe se cache
L'âme en pièce d'un franc Breton!

*— Vieille verte à face usée
Comme la pierre du torrent,
Par des larmes d'amour creusée,
Séchée avec des pleurs de sang...*

*— Toi, dont la mamelle tarie
S'est refait, pour avoir porté
La Virginité de Marie,
Une mâle virginité!*

*— Servante-maîtresse altière,
Très haute devant le Très-Haut;
Au pauvre monde, pas fière.
Dame pleine de comme-il-faut!*

*— Bâton des aveugles! Béquille
Des vieilles! Bras des nouveau-nés!
Mère de madame ta fille!
Parente des abandonnés!*

— *O Fleur de la pucelle neuve!*
Fruit de l'épouse au sein grossi!
Reposoir de la femme veuve...
Et du veuf Dame-de-merci!

— *Arche de Joachim! Aïeule!*
Médaille de cuivre effacé!
Gui sacré! Trèfle quatre-feuille!
Mont d'Horeb! Souche de Jessé!

— *O toi qui recouvrais la cendre,*
Qui filais comme on fait chez nous,
Quand le soir venait à descendre,
*Tenant l'*Enfant *sur tes genoux;*

Toi qui fus là, seule, pour faire
Son maillot neuf à Bethléem,
Et là, pour coudre son suaire
Douloureux, à Jérusalem!...

Des croix profondes sont les rides,
Tes cheveux sont blancs comme fils...
— Préserve des regards arides
Le berceau de nos petits-fils!

Fais venir et conserve en joie
Ceux à naître et ceux qui sont nés.
Et verse, sans que Dieu le voie,
L'eau de tes yeux sur les damnés!

Reprends dans leur chemise blanche
Les petits qui sont en langueur...
Rappelle à l'éternel Dimanche
Les vieux qui traînent en longueur.

— Dragon-gardien de la Vierge,
Garde la crèche sous ton œil.
Que, près de toi, Joseph-concierge
Garde la propreté du seuil!

*Prends pitié de la fille-mère,
Du petit au bord du chemin...
Si quelqu'un leur jette la pierre,
Que la pierre se change en pain!*

*— Dame bonne en mer et sur terre,
Montre-nous le ciel et le port.
Dans la tempête ou dans la guerre...
O Fanal de la bonne mort!*

*Humble : à tes pieds n'as point d'étoile,
Humble... et brave pour protéger!
Dans la nue apparaît ton voile,
Pâle auréole du danger.*

*— Aux perdus dont la vie est grise,
(— Sauf respect — perdus de boisson)
Montre le clocher de l'église
Et le chemin de la maison.*

*Prête ta douce et chaste flamme
Aux chrétiens qui sont ici...
Ton remède de bonne femme
Pour les bêtes-à-corne aussi!*

*Montre à nos femmes et servantes
L'ouvrage et la fécondité...
— Le bonjour aux âmes parentes
Qui sont bien dans l'éternité!*

*— Nous mettrons un cordon de cire,
De cire-vierge jaune autour
De la chapelle et ferons dire;
Ta messe basse au point du jour.*

*Préserve notre cheminée
Des sorts et du monde malin...
A Pâques te sera donnée
Une quenouille avec du lin.*

Si nos corps sont puants sur terre,
Ta grâce est un bain de santé;
Répands sur nous, au cimetière,
Ta bonne odeur de sainteté.

— *A l'an prochain!* — *Voici ton cierge :*
(C'est deux livres qu'il a coûté)
... Respects à Madame la Vierge,
Sans oublier la Trinité.

. . .

... Et les fidèles, en chemise,
Sainte Anne, ayez pitié de nous!
Font trois fois le tour de l'église
En se traînant sur leurs genoux

Et boivent l'eau miraculeuse
Où les Job teigneux ont lavé
Leur nudité contagieuse...
Allez : la Foi vous a sauvé ! —

C'est là que tiennent leurs cénacles
Les pauvres, frères de Jésus.
— Ce n'est pas la cour des miracles,
Les trous sont vrais : *Vide latus!*

Sont-ils pas divins sur leurs claies,
Qu'auréole un nimbe vermeil,
Ces propriétaires de plaies,
Rubis vivants sous le soleil!...

En aboyant, un rachitique
Secoue un moignon désossé,
Coudoyant un épileptique
Qui travaille dans un fossé.

Là, ce tronc d'homme où croît l'ulcère,
Contre un tronc d'arbre où croît le gui
Ici, c'est la fille et la mère
Dansant la danse de Saint-Guy.

Cet autre pare le cautère
De son petit enfant malsain :
— L'enfant se doit à son vieux père...
— Et le chancre est un gagne pain!

Là, c'est l'idiot de naissance,
Un *visité par Gabriel,*
Dans l'extase de l'innocence...
— L'innocent est près du ciel ! —

— Tiens, passant, regarde : tout passe..
L'œil de l'idiot est resté.
Car il est en état de grâce...
— Et la Grâce est l'Eternité ! —

Parmi les autres, après vêpre,
Qui sont d'eau bénite arrosés,
Un cadavre, vivant de lèpre,
Fleurit, souvenir des croisés...

Puis tous ceux que les Rois de France
Guérissaient d'un toucher de doigts..
— Mais la France n'a plus de rois,
Et leur dieu suspend sa clémence.

— Charité dans leurs écuelles !...
Nos aïeux ensemble ont porté
Ces fleurs de lis en écrouelles
Dont ces *choisis* ont hérité.

Miserere pour les ripailles
Des *Ankokrignets* et *Kakous!*...
Ces moignons-là sont des tenailles,
Ces béquilles donnent des coups.

Risquez-vous donc là, gens ingambes,
Mais gare pour votre toison :
Gare aux bras crochus! gare aux jambes
En *kyriè-éleison!*

... Et détourne-toi, jeune fille,
Qui viens là voir et prendre l'air...
Peut-être, sous l'autre guenille,
Percerait la guenille en chair...

C'est qu'ils chassent là sur leurs terres!
Leurs peaux sont leurs blasons béants :
— Le droit du seigneur à leurs serres!...
Le droit du seigneur de céans! —

Tas d'*ex-voto* de carne impure,
Charnier d'élus pour les cieux,
Chez le Seigneur ils sont chez eux!
— Ne sont-ils pas sa créature...

Ils grouillent dans le cimetière
On dirait les morts déroutés
N'ayant tiré de sous la pierre
Que des membres mal reboutés.

— Nous, taisons-nous !... Ils sont sacrés.
C'est la faute d'Adam punie
Le doigt d'En-haut les a marqués :
— La droite d'En-haut soit bénie !

Du grand troupeau, boucs émissaires
Chargés des forfaits d'ici-bas,
Sur eux Dieu purge ses colères !...
— Le pasteur de Sainte-Anne est gras. —

. . . .

Mais une note pantelante,
Echo grelottant dans le vent,
Vient battre la rumeur bêlante
De ce purgatoire ambulant.

Une forme humaine qui beugle
Contre le *calvaire* se tient;
C'est comme une moitié d'aveugle :
Elle est borgne, et n'a pas de chien...

C'est une rapsode foraine
Qui donne aux gens pour un liard
L'*Istoyre de la Magdalayne*
Du *Juif-Errant* ou d'*Abaylar*.

Elle hâle comme une plainte,
Comme une plainte de la faim,
Et, longue comme un jour sans pain,
Lamentablement, sa complainte...

— Ça chante comme ça respire,
Triste oiseau sans plume et sans nid
Vaguant où son instinct l'attire :
Autour des Bon-Dieu de granit...

Ça peut parler aussi, sans doute.
Ça peut penser comme ça voit :
Toujours devant soi la grand'route...
— Et, quand ç'a deux sous... ça les boit,

— Femme : on dirait hélas — sa nippe
Lui pend, ficelée en jupon ;
Sa dent noire serre une pipe
Eteinte... — Oh, la vie a du bon ! —

Son nom... ça se nomme Misère.
Ça s'est trouvé né par hasard.
Ça sera trouvé mort par terre...
La même chose — quelque part.

Si tu la rencontres, Poète,
Avec son vieux sac de soldat :
C'est notre sœur... donne — c'est fête —
Pour sa pipe, un peu de tabac !...

Tu verras dans sa face creuse
Se creuser, comme dans du bois,
Un sourire ; et sa main galeuse
Te faire un vrai signe de croix.

CRIS D'AVEUGLE

Sur l'air bas-breton : *Ann hini goz.*

    L'œil tué n'est pas mort
    Un coin le fend encor
Encloué je suis sans cercueil
On m'a planté le clou dans l'œil
    L'œil cloué n'est pas mort
    Et le coin entre encor

    Deus misericors
    Deus misericors
Le marteau bat ma tête en bois
Le marteau qui ferra la croix
    Deus misericors
    Deus misericors

    Les oiseaux croque-morts
    Ont donc peur à mon corps
Mon Golgotha n'est pas fini

Lamma lamma sabactani
    Colombes de la Mort
    Soiffez après mon corps

    Rouge comme un sabord
    La plaie est sur le bord
Comme la gencive bavant
D'une vieille qui rit sans dent
    La plaie est sur le bord
    Rouge comme un sabord

    Je vois des cercles d'or
    Le soleil blanc me mord
J'ai deux trous percés par un fer
Rougi dans la forge d'enfer
    Je vois un cercle d'or
    Le feu d'en haut me mord

    Dans la moelle se tord
    Une larme qui sort
Je vois dedans le paradis
Miserere, De profundis
    Dans mon crâne se tord
    Du soufre en pleur qui sort

Bienheureux le bon mort
Le mort sauvé qui dort
Heureux les martyrs, les élus
Avec la Vierge et son Jésus
O bienheureux le mort
Le mort jugé qui dort

Un Chevalier dehors
Repose sans remords
Dans le cimetière bénit
Dans sa sieste de granit
L'homme en pierre dehors
A deux yeux sans remords

Ho, je vous sens encor
Landes jaunes d'Armor
Je sens mon rosaire à mes doigts
Et le Christ en os sur le bois
A toi je baye encor,
O ciel défunt d'Armor

Pardon de prier fort
Seigneur si c'est le sort
Mes yeux, deux bénitiers ardents

Le diable a mis ses doigts dedans
 Pardon de crier fort
 Seigneur contre le sort

 J'entends le vent du nord
 Qui bugle comme un cor
C'est l'hallali des trépassés
J'aboie après mon tour assez
 J'entends le vent du nord
 J'entends le glas du cor

(Menez-Arrez.)

LA PASTORALE DE CONLIE

PAR UN MOBILISÉ DU MORBIHAN

> Moral jeunes troupes excellent.
> (Orr.)

Qui nous avait levés dans le *Mois-noir* — Novembre —
    Et parqués comme des troupeaux
Pour laisser dans la boue, au *Mois-plus-noir* — Décembre —
    Des peaux de mouton et nos peaux !

Qui nous a lâchés là : vides, sans espérance,
    Sans un levain de désespoir !
Nous entre-regardant, comme cherchant la France...
    Comiques, fesant peur à voir !

— Soldats tant qu'on voudra !... soldat est donc un être
    Fait pour perdre le goût du pain ?...
Nous allions mendier ; on nous envoyait paître :
    Et... nous paissions à la fin !

— S'il vous plaît : Quelque chose à mettre dans nos bouches?
— Héros et bêtes à moitié ! —
... Ou quelque chose là : du cœur ou des cartouches :
— On nous a laissé la pitié !

L'aumône : on nous la fit — Qu'elle leur soit rendue
A ces bienheureux uhlans soûls !
Qui venaient nous jeter une balle perdue...
Et pour rire !... comme des sous.

On eût dit un radeau de naufragés. — Misère —
Nous crevions devant l'horizon.
Nos yeux troubles restaient tendus vers une terre...
Un cri nous montait : Trahison !

— Trahison... c'est la guerre ! On trouve à qui l'on crie !...
— Nous : pas besoin... — Pourquoi trahis ?...
J'en ai vu parmi nous, sur la Terre-Patrie,
Se mourir du mal du pays.

— Oh, qu'elle s'en allait morne, la douce vie !...
Soupir qui sentait le remord
De ne pouvoir serrer sur sa lèvre une hostie,
Entre ses dents la mâle-mort !...

— Un grand enfant nous vint, aidé par deux gendarmes,
— Celui-là ne comprenait pas —
Tout barbouillé de vin, de sueur et de larmes,
Avec un *biniou* sous son bras.

Il s'assit dans la neige en disant : Ça m'amuse
De jouer mes airs ; laissez-moi. —
Et, le surlendemain, avec sa cornemuse,
Nous l'avons enterré. — Pourquoi !...

Pourquoi ? Dites-leur donc ! Vous du Quatre-Septembre !
A ces vingt mille croupissants !...
Citoyens décréteurs de victoires en chambre,
Tyrans forains impuissants !

— La parole est à vous — la parole est légère !...
La Honte est fille... Elle passa —
Ceux dont les pieds verdis sortent à fleur de terre
Se taisent... — Trop vert pour vous, ça !

— Ha ! Bordeaux, n'est-ce pas, c'est une riche ville...
Encore en France, n'est-ce pas ?...
Elle avait chaud partout votre garde mobile,
Sous les balcons marquant le pas ?

La résurrection de nos boutons de guêtres
   Est loin pour vous faire songer ;
Et, vos noms, je les vois collés partout, ô Maîtres !..
   — La honte ne sait plus ronger. —

— Nos chefs... ils faisaient bien de se trouver malades !
   Armés en faux-turcs-espagnols
On en vit quelques-uns essayer des parades
   Avec la troupe des Guignols.

— *Le moral : excellent.* — Ces rois avaient des reines.
   Parmi leurs sacs-de-nuit de cour...
A la botte vernie il faut robes à traînes ;
   La vaillance est sœur de l'amour.

— Assez ! — Plus n'en fallait de fanfare guerrière
   A nous, brutes garde-moutons,
Nous : ceux-là qui restaient simples, à leur manière,
   Soldats, catholiques, bretons...

A ceux-là qui tombaient bayant à la bataille,
   Ramas de vermine sans nom,
Espérant le premier qui vint crier : Canaille !
   Au canon, la chair à canon !...

— Allons donc : l'abattoir ! — Bestiaux galeux qu'on rosse,
   On nous fournit aux Prussiens ;
Et, nous voyant rouler-plat sous les coups de crosse,
   Des Français aboyaient — Bons chiens !

Hallali ! ramenés ! — Les perdus... Dieu les compte, —
   Abreuvés de banals dédains ;
Poussés, traînant au pied la savate et la honte,
   Cracher sur nos foyers éteints.

. . . .

— Va ! toi qui n'est pas bue, ô fosse de Conlie !
   De nos jeunes sangs appauvris,
Qu'en voyant regermer tes blés gras, on oublie
   Nos os qui végétaient pourris.

La chair plaquée après nos blouses en guenille
   — Fumier tout seul rassemblé...
— Ne mangez pas ce pain, mères et jeunes filles !
   L'*ergot* de mort est dans le blé.

  (1870)

LES GENS DE MER

*Point n'ai fait un tas d'océans
Comme les Messieurs d'Orléans,
Ulysses à vapeur en quête...
Ni l'Archipel en capitan;
Ni le Transatlantique autant
Qu'une chanteuse d'opérette.*

*Mais il fut flottant, mon berceau,
Fait comme le nid de l'oiseau
Qui couve ses œufs sur la houle...
Mon lit d'amour fut un hamac;
Et, pour tantôt, j'espère un sac
Lesté d'un bon caillou qui coule.*

*— Marin, je sens mon matelot
Comme le bonhomme Callot
Sentait son illustre bonhomme...*
— Va, bonhomme de mer *mal fait!*
Va, *Muse à la voix de rogomme!*
Va, *Chef-d'œuvre de cabaret!*

MATELOTS

Vos marins de quinquets à l'Opéra... comique,
Sous un frac en bleu-ciel jurent « Mille sabords! »
Et, sur les boulevards, le survivant chronique
Du *Vengeur* vend l'onguent à tuer les rats morts.
Le *Jùn'homme infligé d'un bras* — même en voyage —
Infortuné, chantant par suite de naufrage;
La femme en bain de mer qui tord ses bras au flot;
Et l'amiral *** — Ce n'est pas matelot!

— Matelots — quelle brusque et nerveuse saillie
Fait cette *Race à part* sur la race faillie!
Comme ils vous mettent tous, *terriens*, au même sac!
— *Un curé dans ton lit, un' fill' dans mon hamac!* —
. . . .

— On ne les connaît pas, ces gens à rudes nœuds.
Ils ont le mal de mer sur vos *planchers à bœufs;*

A terre — oiseaux palmés — ils sont gauches et veûles.
Ils sont mal culottés comme leurs brûle-gueules,
Quand le roulis leur manque... ils se sentent rouler :
— *A terre, on a beau boire, on ne peut désoûler !*

— On ne les connaît pas. — Eux : que leur fait la terre ?..
Une relâche, avec l'hôpital militaire,
Des filles, la prison, des horions, du vin...
Le reste : Eh bien, après ? — Est-ce que c'est marin ?...

— Eux ils sont matelots. — A travers les tortures,
Les luttes, les dangers, les larges aventures,
Leur *face-à-coups-de-hache* a pris un tic nerveux
D'insouciant dédain pour ce qui n'est pas Eux...
C'est qu'ils se sentent bien, ces chiens ! Ce sont des mâles !
— Eux : l'Océan ! — et vous : les plates-bandes sales ;
Vous êtes des *terriens*, en un mot, des *troupiers* :
— *De la terre de pipe et de la sueur de pieds !* —

Eux sont les *vieux-de-cale* et *les frères-la-côte*,
Gens au cœur sur la main, et toujours la main haute ;
Des natures en barre ! — Et capables de tout...
— Faites-en donc autant !... — Ils sont *de mauvais goût.*
— Peut-être... Ils ont chez vous des amours tolérées

Par un *grippe-Jésus* [1] accueillant leurs entrées...
— Eh! faut-il pas du cœur au ventre quelque part,
Pour entrer en plein jour là — bagne-lupanar,
Qu'ils nomment le *Cap-Horn*, dans leur langue hâlée :
— Le cap Horn, noir séjour de tempête grêlée —
Et se coller en vrac, sans crampe d'estomac,
De la chair à chiquer — comme un nœud de tabac!

Jetant leur solde avec leur trop-plein de tendresse,
A tout vent; ils vont là comme ils vont à la messe...
Ces anges mal léchés, ces durs enfants perdus!
— Leur tête a du requin et du petit-Jésus.

Ils aiment à tout crin: Ils aiment plaie et bosse,
La Bonne-Vierge, avec le gendarme qu'on rosse;
Ils font des vœux à tout... mais leur vœu caressé
A toujours l'habit bleu d'un *Jésus-christ* [2] rossé.

— Allez: ce franc cynique a sa grâce native...
Comme il vous toise un chef, à sa façon naïve!
Comme il connaît son maître : — *Un d'un seul bloc de bois!*

[1] *Grippe-Jésus:* petit nom marin du gendarme.
[2] *Jésus-Christ:* du même au même.

— *Un mauvais chien toujours qu'un bon enfant parfois!*
. . . .

— Allez: à bord, chez eux, ils ont leur poésie !
Ces brutes ont des chants ivre d'âme saisie
Improvisés aux quarts sur le gaillard d'avant...
— Ils ne s'en doutent pas, eux, poème vivant.

— Ils ont toujours, pour leur *bonne femme de mère*,
Une larme d'enfant, ces héros de misère :
Pour leur *Douce-Jolie*, une larme d'amour!...
Au pays — loin — ils ont, espérant leur retour,
Ces gens de cuivre rouge, une pâle fiancée
Que, pour la mer jolie, un jour ils ont laissée.
Elle attend vaguement... comme on attend là-bas
Eux ils portent son nom tatoué sur leur bras.
Peut-être elle sera veuve avant d'être épouse...
— Car la mer est bien grande et la mer est jalouse. —
Mais elle sera fière, à travers un sanglot,
De pouvoir dire encore: — Il était matelot!...
— C'est plus qu'un homme aussi devant la mer géante,
Ce matelot entier!...

Piétinant sous la plante

De son pied marin le pont près de crouler :
Tiens bon ! Ça le connaît, ça va le désoûler.
Il finit comme ça, simple en sa grande allure,
D'un bloc : — *Un trou dans l'eau, quoi !... pas de fioriture.* —

. . . .

On en voit revenir pourtant : bris de naufrage.
Ramassis de scorbut et hachis d'abordage...
Cassés, défigurés, dépaysés, perclus :
— Un œil en moins. — Et vous, en avez-vous en plus ?
— La fièvre jaune. — Eh bien, et vous, l'avez-vous rose ?
— Une balafre. — Ah, c'est signé !... C'est quelque chose !
— Et le bras en pantenne. — Oui, c'est un biscaïen,
Le reste c'est le bel ouvrage au chirurgien.
— Et ce trou dans la joue ? — Un ancien coup de pique.
— Cette bosse ? — *A tribord ?*... excusez : c'est ma chique.
— Ça ? Rien : une *foutaise*, un pruneau dans la main,
Ça sert de baromètre, et vous verrez demain :
Je ne vous dis que ça, sûr, quand je sens ma crampe.
Allez, on n'en fait plus des coques de ma trempe !
On m'a pendu deux fois... —

      Et l'honnête forban
Creuse un bateau de bois pour un petit enfant.

— Ils durent comme ça, reniflant la tempête
Riches de gloire et de trois cents francs de retraite,
Vieux culots de gargousse, épaves de héros!...
— Héros? — ils riraient bien!... — Non merci : matelots!

— Matelots! — Ce n'est pas vous, jeunes *mateluches*,
Pour qui les femmes ont toujours des coqueluches...
Ah, les vieux avaient de plus fiers appétits!
En haussant leur épaule ils vous trouvent petits.
A treize ans ils mangeaient de l'Anglais, les corsaires!
Vous, vous n'êtes que des *pelletas* militaires...
Allez, on n'en fait plus de ces *purs, premier brin!*
Tout s'en va... tout! La mer... elle n'est plus *marin!*
De leur temps, elle était plus salée et sauvage.
Mais, à présent, rien n'a plus de pucelage...
La mer... La mer n'est plus qu'une fille à soldats!...

— Vous, matelots, rêvez, en faisant vos cent pas
Comme dans les grands quarts... Paisible rêverie
De carcasse qui geint, de mât craqué qui crie...
— Aux pompes!...
— Non... fini! — Les beaux jours sont passés :
— *Adieu mon beau navire au trois mâts pavoisés!*

. . . .
Tel qu'une vieille coque au sec dégréée,
Où vient encor parfois clapoter la marée :
Ame-de-mer en peine est le vieux matelot
Attendant, échoué... — quoi : la mort ?
        — Non, le flot.

(Ile d'Ouessant. — Avril.)

LE BOSSU BITOR[1]

Un pauvre petit diable aussi vaillant qu'un autre,
Quatrième et dernier à bord d'un petit *côtre*...
Fier d'être matelot et de manger pour rien,
Il remplaçait le *coq*, le mousse et le chien ;
Et comptait, comme ça, quarante ans de service,
Sur *le rôle* toujours inscrit comme *novice!* —

... Un vrai bossu : cou tors et retors, très madré,
Dans sa coque il gardait sa petite influence ;
Car chacun sait qu'en mer un bossu porte chance...
— Rien ne f...iche malheur comme femme ou curé !

Son nom : c'était Bitor — nom de mer et de guerre —
Il disait que c'était un tremblement de terre
Qui, jeune et fait au tour, l'avait tout démoli :
Lui, son navire et des cocotiers... au Chili.

[1] Le *bitors* est un gros fil à voile tordu en double et goudronné.

. . . .
Le soleil est noyé. — C'est le soir — dans le port
Le navire bercé sur ses câbles, s'endort
Seul; et le clapotis bas de l'eau morte et lourde,
Chuchote un gros baiser sous sa carène sourde.
Parmi les yeux du brai flottant qui luit en plaque,
Le ciel miroité semble une immense flaque.

Le long des quais déserts où grouillait un chaos
S'étend le calme plat...
                    Quelques vagues échos...
Quelque novice seul, resté mélancolique,
Se chante son pays avec une musique...
De loin en loin, répond le jappement hagard,
Intermittent, d'un chien de bord qui fait le quart,
Oublié sur le pont...
                  Tout le monde est à terre.
Les matelots farauds s'en sont allés — mystère ! —
Faire, à grands coups de gueule et de botte... l'amour
— Doux repos tant sué dans les labeurs du jour. —
Entendez-vous là-bas, dans les culs-de-sac louches,
Roucouler leur chanson ces tourtereaux farouches !...

— Chantez ! La vie est courte et drôlement cordée !...
Hâle à toi, si tu peux, une bonne bordée

A jouer de la fille, à jouer du couteau...
Roucoulez mes Amours ! Qui sait : demain !... tantôt...

... Tantôt, tantôt... la ronde en écrémant la ville,
Vous soulage en douceur quelque traînard tranquille
Pour le coller en vrac, léger échantillon,
Bleu saignant et vainqueur, au clou. — Tradition. —

. . . .

Mais les soirs étaient doux aussi pour le Bitor,
Il était libre aussi, maître et gardien à bord...
Lové tout de son long sur un rond de cordage,
Se sentant somnoler comme un chat... comme un sage,
Se repassant l'oreille avec ses doigts poilus,
Voluptueux, pensif, et n'en pensant pas plus,
Laissant mollir son corps dénoué de paresse,
Son petit œil vairon noyé de morbidesse !...

— Un *loustic* en passant lui caressait les os :
Il riait de son mieux et faisait le gros dos.

. . . .

Tout le monde a pourtant quelque bosse en la tête...
Bitor aussi — c'était de se payer la fête !

Et cela lui prenait, comme un commandement
De Dieu : vers la Noël, et juste une fois l'an.
Ce jour-là, sur la brune, il s'ensauvait à terre
Comme un rat dont on a cacheté le derrière...
— Tiens ; Bitor disparu. — C'est son jour de sabbats
Il en a pour deux nuits : réglé comme un compas.
— C'est un sorcier pour sûr... —

      Aucun n'aurait pu dire,
Même on n'en riait plus ; c'était fini de rire.

Au deuxième matin, le *bordailleur* rentrait
Sur ses jambes en pieds-de-banc-de-cabaret,
Louvoyant bord-sur-bord...

      Morne, vers la cuisine
Il piquait droit, chantant ses vêpres ou matine,
Et jetait en pleurant ses savates au feu...
— Pourquoi — nul ne savait, et lui s'en doutait peu.
... J'y sens je ne sais quoi d'assez mélancolique,
Comme un vague fumet d'holocauste à l'antique...

C'était la fin ; plus morne et plus tordu, le hère
Se reprenait hâler son bitor de misère...

. . . .

— C'est un soir, près Noël. — Le côtre est à bon port,
L'équipage au diable, et Bitor...... toujours Bitor.
C'est le grand jour qu'il s'est donné pour prendre terre :
Il fait noir, il est gris. — L'or n'est qu'une chimère!
Il tient, dans un vieux bas de laine, un sac de sous...
Son pantalon à mettre et : — La terre est à nous! —

... Un pantalon jadis *cuisse-de-nymphe-émue*,
Couleur tendre à mourir!... et trop tôt devenue
Merdoie... excepté dans les plis *rose d'amour*,
Gardiens de la couleur, gardiens du pur contour...

Enfin il s'est lavé, gratté — rude toilette!
— Ah! c'est que ce n'est pas, non plus, tous les jours fête!...
Un cache-nez lilas lui cache les genoux,
— Encore un coup-de-suif! et : La terre est à nous!
... La terre : un bouchon, quoi!... — Mais Bitor se sent riche :
D'argent, comme un bourgeois : d'amour, comme un caniche...
— Pourquoi pas le *Cap-Horn!*... Le sérail — Pourquoi pas!...
— Syrènes du *Cap-Horn*, vous lui tendez les bras!..

.... Ce bagne-lupanar
Qu'ils nomment le *Cap-Horn*, dans leur langue halée
                       (*Les Matelots*, page 215.)

. . . .

Au fond de la venelle est la lanterne rouge,
Phare du matelot, *Stella maris* du bouge...
— Qui va là? — Ce n'est plus Bitor! c'est un héros,
Un Lauzun qui se frotte aux plus gros numéros!...
C'est Triboulet tordu comme un ver par sa haine!..
Où c'est Alain Chartier, sous un baiser de reine!...
Lagardère en manteau qui va se redresser!...
— Non : C'est un bienheureux honteux — Laissez passer.
C'est une chair enfin que ce bout de rognure !
Un partageux qui veut son morceau de nature.
C'est une passion qui regarde en dessous
L'amour... pour le voler !... — L'amour à trente sous !

— Va donc, Paillasse ! Et le trousse-galant t'emporte!
Tiens: c'est là !... C'est un mur — Heurte encor !.. C'est la p
As-tu peur ! —
    Il écoute.. Enfin : un bruit de clefs,
Le judas darde un rais : — Hô, quoi que vous voulez?
— J'ai de l'argent. — Combien es-tu ? Voyons ta tête...
Bon. Gare à n'entrer qu'un; la maison est honnête ;
Fais voir ton sac un peu ?... Tu feras travailler ?... —

13.

Et la serrure grince, on vient d'entre-bâiller ;
Bitor pique une tête entre l'huys et l'hôtesse,
Comme un chien dépendu qui se rue à la messe.
— Eh, là-bas ! l'enragé, quoi que tu veux ici ?
Qu'on te f...iche droit, quoi ? pas dégoûté ! Merci !
Quoi qui te faut, bosco ?... des nymphes, des pucelles
Hop ! à qui le Mayeux ? Eh là-bas, les donzelles !... —

Bitor lui prit le bras : — Tiens, voici pour toi, gouine :
Cache-moi quelque part... tiens - là... C'est la cuisine.
— Bon. Tu m'en conduiras une... et propre ! combien ?...
— Tire ton sac. — Voilà. — Parole ! il a du bien !...
Pour lors nous en avons du premier brin : *cossuses*;
Mais on ne t'en a pas fait exprès des *bossuses*...
Bah ! la nuit tous les chats sont gris. Reste là voir,
Puisque c'est ton caprice ; as pas peur, c'est tout noir. —

. . . .

Une porte s'ouvrit. C'est la salle allumée.
Silhouettes grouillant à travers la fumée :
Les amateurs beuglant, ronflant, trinquant, rendus ;
— Des Anglais, jouissant comme de vrais pendus,
Se cuvent, pleins de tout et de béatitude ;
— Des Yankees longs, et roide-soûls par habitude,
Assis en deux, et, tour à tour tirant au mur

Leur jet de jus de chique, au but, et toujours sûr,
— Des Hollandais salés, lardés de couperose;
— De blonds Norwégiens hercules de chlorose;
— Des Espagnols avec leurs figures en os;
— Des baleiniers huileux comme des cachalots;
— D'honnêtes caboteurs bien carrés d'envergures,
Calfatés de goudron sur toutes les coutures;
— Des Nègres blancs, avec des mulâtres lippus;
Des Chinois, le chignon roulé sous un *gibus*,
Vêtus d'un frac flambant neuf et d'un parapluie;
— Des chauffeurs venus là pour essuyer leur suie;
— Des Allemands chantant l'amour en orphéon,
Leur patrie et leur chope... avec accordéon;
— Un noble Italien jouant avec un mousse
Qui roule deux gros yeux sous sa tignasse rousse;
— Des Grecs plats; des Bretons à tête biscornue;
— L'escouade d'un vaisseau russe, en grande tenue;
— Des Gascons adorés pour leur galant bagoût...
Et quelques renégats — écument du ragoût. —

Là, plus loin dans le fonds sur les banquettes grasses,
Des novices légers *s'affalent* sur les Grâces
De corvée... Elles sont d'un gras encourageant;
Ça se paye au tonnage, on en veut pour l'argent...

Et, quand on *largue tout,* il faut que la viande
Tombe, comme un *humier qui se déferle en bande!*

— On a des petits noms : *Chiourme, Jany-Gratis,
Bout-dehors, Fond-de-Vase, Anspeck, Garcette-à-ris.*
— C'est gréé comme il faut : satin rose et dentelle;
Ils ne trouvent jamais la mariée assez belle...
— Du velours pour frotter à cru leur cuir tanné !
Et du fard, pour torcher leur baiser boucané !...
A leurs ceintures d'or, faut ceinture dorée !
Allons ! — *Ciel moutonné, comme femme fardée
N'a pas longue durée* à ces Pachas d'un jour...
— *N'en faut du vin! n'en faut du rouge!... et de l'amour!*

. . . .

Bitor regardait ça — comment on fait la joie —
Chauve-souris fixant les albatros en proie...
Son rêve fut secoué par une grosse voix :
— Eh, dis donc, l'oiseau bleu, c'est-y fini ton choix?
— Oui : (Ses yeux verts vrillaient la nuit de la cuisine)
... La grosse dame en rose avec sa crinoline !...
— Ça : c'est *Mary-Saloppe,* elle a son plein et dort. —
Lui, dégainant le bas qui tenait son trésor :
— Je te dis que je veux la belle dame rose !...
— Ça t'y du vice !... Ah ça : t'es porté sur la chose?...

Pour avec elle, alors, tu feras dix cocus,
Dix tout frais de ce soir!... Vas-y pour tes écus
Et paye en double : On va t'amatelotter. Monte...
— Non ici... — Dans le noir?... allons faut pas de honte!
— Je veux ici ! — Pas mèche, avec les règlements.
— Et moi je veux ! — C'est bon... mais t'endors pas dedans...

Ohé là-bas ! debout au quart, *Mary-Saloppe !*
— Eh, c'est pas moi *de quart!* — C'est pour prendre une chope,
C'est rien *la corvée...* accoste : il y a gras !
— De quoi donc ? — Va, c'est un qu'a de l'or plein ses bas,
Un bossu dans un sac, qui veut pas qu'on l'évente...
— Bon : qu'y prenne son soûl, j'ai le mien ! j'ai ma pente.
— Va, c'est dans la cuisine...

     — Eh ! voyons-toi, Bichon...
T'es tortu, mais j'ai pas peur d'un tire-bouchon !
Viens... Si ça t'est égal : éclairons la chandelle ?
— Non. — Je voudrais te voir, j'aime Polichinelle...
Ah je te tiens; on sait jouer Colin-Maillard !...
La matrulle ferma la porte...
      — Ah tortillard !...

. . . .

— Charivari ! — Pour qui ? — Quelle ronde infernale,

Quel paquet crevé roule en hurlant dans la salle ?...
— Ah, peau de cervelas ! ah, tu veux du chahut !
A poil ! à poil ! on va te *caréner* tout cru !
Ah, tu grognes, cochon ! Attends, tu veux la goutte :
Tiens son ballon !... Allons, avale-moi ça... toute !
Gare au grappin, il croche ! Ah ! le cancre qui mord !
C'est le diable bouilli !... —

     C'était l'heureux Bitor.

— Carognes, criait-il, molissez !... je régale...
— Carognes ?... Ah, roussin ! mauvais comme la gale !
Tu régales, Limonadier de la Passion ?
On te régalera, va ! double ration !
Pou crochard qui montais nous piquer nos *punaises !*
Cancre qui vient manger nos *peaux !*... Pas de foutaises,
Vous autres : Toi, *la mère*, apporte de là-haut,
Un grand tapis de lit, en double et comme-y faut !...
Voilà ! —

  Dix bras tendus hâlent la couverture.
— Le *tortillou* dessus !... On va la danser dure ;
Saute Paillasse ! hop là !... —

      C'est que le matelot,
Bon enfant, est très dur quand il est *rigolot.*

Sa colère : c'est bon. — Sa joie : ah, pas de grâce !...
Ces dames rigolaient...

— Attrape : pile ou face ?
Ah, le malin ! quel vice ! il échoue en côté ! —
... Sur sa bosse grêlaient, avec quelle gaîté !
Des bouts de corde en l'air sifflant comme couleuvres ;
Les sifflets de gabier, rossignols de manœuvres,
Commandaient et rossignolaient à l'unisson...
— Tiens bon !... —

Pelotonné, le pauvre hérisson
Volait, rebondissait, roulait. Enfin la plainte
Qu'il rendait comme un cri de poulie est éteinte...
— Tiens bon ! il fait exprès... Il est dur, l'entêté !..
C'est un lapin ! ça veut le jus plus pimenté :
Attends !... —

Quelques couteaux pleuvent... *Mary-Saloppe*
D'un beau mouvement, hèle : — A moi sa place ! — Tope !
Amène tout en vrac ! largue !... —

Le jouet mort
S'aplatit sur la planche et rebondit encor...

Comme après un doux rêve, il rouvrit son œil louche
Et trouble... Il essuya dans le coin de sa bouche,
Un peu d'écume avec sa chique en sang... — C'est bien ;

C'est fini, matelot. Un coup de *sacré-chien !*
Ça vous remet le cœur ; bois !.. —

                         Il prit avec peine
Tout l'argent qui restait dans son bon bas de laine
Et regardant *Mary-Saloppe*. — C'est pour toi.
Pour boire... en souvenir. — Vrai ! baise-moi donc, quoi !..
Vous autres, laissez-le, grands lâches ! mateluches !
C'est mon amant de cœur... on a ses coqueluches !
... Toi : file à l'embellie, en double, l'asticot :
L'échouage est mauvais, mon pauvre saligot !... —

Son œil marécageux, larme de crocodile,
La regardait encore... — Allons, mon garçon, file ! —

. . . .

C'est tout. Le lendemain, et jours suivants, à bord
Il manquait. — Le navire est parti sans Bitor. —

. . . .

Plus tard, l'eau soulevait une masse vaseuse
Dans le dock. On trouva des plaques de vareuse...
Un cadavre bossu, ballonné, démasqué
Par les crabes. Et ça fut jeté sur le quai,

Tout comme l'autre soir, sur une couverture.
Restant de crabe, encore il servit de pâture
Au rire du public; et les gamins d'enfants
Jouant au bord de l'eau noire sous le beau temps,
Sur sa bosse tapaient comme sur un tambour
Crevé...
  — Le pauvre corps avait connu l'amour

  (Marseille. — La Joliette. — Mai.)

LE RENÉGAT

Ça c'est un renégat. Contumace partout :
Pour ne rien faire, ça fait tout.
Écumé de partout et d'ailleurs; crâne et lâche,
Écumeur amphibie, à la course, à la tâche;
Esclave, flibustier, nègre, blanc, ou soldat,
Bravo : fait tout ce qui concerne tout état;
Singe, limier de femme... ou même, au besoin, femme;
Prophète *in partibus*, à tant par kilo d'âme;
Pendu, bourreau, poison, flûtiste, médecin,
Eunuque; ou mendiant, un coutelas en main...

La mort le connaît bien, mais n'en a plus envie...
Recraché par la mort, recraché par la vie,
Ça mange de l'humain, de l'or, de l'excrément,
Du plomb, de l'ambroisie... ou rien — Ce que ça sent. —

Son nom? — Il a changé de peau, comme chemise...
Dans toutes langues c'est : Ignace ou Cydalyse,
Todos los santos... Mais il ne porte plus ça;
Il a bien effacé son *T. F.* de forçat!...

— Qui l'a poussé... l'amour? — Il a jeté sa gourme!
Il a tout violé : potence et garde-chiourme.
— La haine? — Non. — Le vol? — Il a refusé mieux.
— Coup de barre du vice? — Il n'est pas vicieux ;
Non... dans le ventre il a de la fille-de-joie,
C'est un tempérament... un artiste de proie.

. . . .

Au diable même il n'a pas fait miséricorde.
— Hâle encore! — Il a tout pourri jusqu'à la corde,
Il a tué toute *bête*, éreinté tous les coups...

Pur, à force d'avoir purgé tous les dégoûts.

(Baléares.)

AURORA

APPAREILLAGE D'UN BRICK CORSAIRE

> « Quand l'on fut toujours vertueux
> « L'on aime à voir lever l'aurore...

Cent vingt *corsairiens*, gens de corde et de sac,
A bord de la *Mary-Gratis*, ont mis leur sac.
— Il est temps, les enfants! on a roulé sa bosse...
Hisse! — C'est le grand foc qui va payer la noce.
Étarque! — Leur argent les fasse tous cocus!...
La drisse du grand-foc leur rendra leurs écus...
—Hisse hoé!... *C'est pas tant le gendarm' que je r'grette!*
—Hisse hoà!... *C'est pas ça! Naviguons, ma brunette!*

Va donc *Mary-Gratis*, brick écumeur d'Anglais!
Vire à pic et dérape!... — Un coquin de vent frais
Largue, en vrai matelot, les voiles de l'aurore;

L'écho des cabarets de terre beugle encore...
Eux répondent en chœur, perchés dans les huniers,
Comme des colibris au haut des cocotiers :
  « *Jusqu'au revoir, la belle,*
  « *Bientôt nous reviendrons...* »

Ils ont bien passé là quatre nuits de liesse,
Moitié sous le comptoir et moitié sur l'hôtesse...
  « *...Tâchez d'être fidèle,*
  « *Nous serons bons garçons...*

— Évente les huniers!... *C'est pas ça qué jé r'grette...*
— Brasse et borde partout!... *Naviguons, ma brunette!*
— Adieu, séjour de guigne!.. Et roule, et cours bon bord...
Va, la *Mary-Gratis!* — au nord-est quart de nord. —

...Et la *Mary-Gratis*, en flibustant l'écume,
Bordant le lit du vent se gîte dans la brume.
Et le grand flot du large en sursaut réveillé
A terre va bâiller, s'étirant sur le roc :
  Roul' ta bosse, tout est payé
    Hiss' le grand foc!

. . . .

Ils cinglent déjà loin. Et, couvrant leur sillage,
La houle qui roulait leur chanson sur la plage,
Murmure sourdement, revenant sur ses pas :
— Tout est payé, la belle!... ils ne reviendront pas.

LE NOVICE EN PARTANCE

ET

SENTIMENTAL

> A LA DÉCENTE DES MARINS C^{hes}
> MARIJANE SERRE A BOIRE ET A
> MANGER COUCHE A PIEDS ET A
> CHEVAL.
> DEBIT.

Le temps était si beau, la mer était si belle...
    Qu'on dirait qu'y en avait pas.
Je promenais, un coup encore, ma Donzelle,
    A terre, tous deux, sous mon bras.

C'était donc, pour du coup, la dernière journée.
    Comme-ça : ça m'était égal...
Ça n'en était pas moins la suprême tournée
    Et j'étais sensitif pas mal.

...Tous les ans, plus ou moins, je relâchais près d'elle
— Un mois de mouillage à passer —
Et je la relâchais tout fraîchement fidèle...
    Et toujours à recommencer.

Donc, quand la barque était à l'ancre, sans malice
    J'accostais, novice vainqueur,
Pour mouiller un pied d'ancre, Espérance propice !...
    Un pied d'ancre dans son cœur !

Elle donnait la main à manger mon décompte
    Et mes avances à manger.
Car, pour un *mathurin*[1] faraud, c'est une honte :
    De ne pas rembarquer léger.

J'emportais ses cheveux, pour en cas de naufrage,
    Et ses adieux au long-cours.
Et je lui rapportais des objets de sauvage,
    Que le douanier saisit toujours.

Je me l'imaginais pendant les traversées,
    Moi-même et naturellement.

[1] *Mathurin : Dumanet* maritime.

Je m'en imaginais d'autres aussi — sensées
    Elle — dans mon tempérament.

Mon nom mâle à son nom femelle se jumelle,
    Bout-à-bout et par à peu-près :
Moi je suis Jean-Marie et c'est Mary-Jane elle...
    Elle ni moi *n'ons* fait exprès.

...Notre chien de métier est chose assez jolie
    Pour un leste et gueusard amant;
Toujours pour démarrer on trouve l'embellie :
    — Un pleur... Et saille de l'avant!

Et hisse le grand foc! — la loi me le commande. —
    Largue les *garcettes*[1], sans gant!
Etarque à bloc! — L'homme est libre et la mer est grande —
    La femme : un sillage!... Et bon vent! —

On a toujours, puisque c'est dans notre nature,
    — Coulant en douceur, comme tout —
Filé son câble par le bout, sans *fignolure*...
    Filé son câble par le bout!

---

[1] *Garcettes.* — Bouts de cordes qui servent à serrer les voiles.

— File!... la passion n'est jamais défrisée,
— Evente tout et pique au nord!
Borde la brigantine et porte à la risée!...
— On prend sa capote et s'endort..

— Et file le parfait amour! à ma manière,
— Ce n'est pas la bonne : tant mieux!
C'est encor la meilleure et dernière et première...
As pas peur d'échouer, mon vieux!

Ah! la mer et l'amour! — On sait — c'est variable...
Aujourd'hui : zéphyrs et houris!
Et demain... c'est un grain : Vente la peau du diable!
Debout au quart! croche des ris!..

— Nous fesons le bonheur d'un tas de malheureuses,
Gabiers-volants de Cupidon!...
Et la lame de l'ouest nous rince les pleureuses...
— Encor une! et lave le pont!
. . . .

Comme ça moi je suis. Elle, c'était la rose
D'amour, et du débit d'ici...

Nous cherchions tous deux à nous dire quelque chose
De triste. — C'est plus propre aussi. —

...Elle ne disait rien — Moi : pas plus. — Et sans doute,
La chose aurait duré longtemps...
Quand elle dit, d'un coup, au milieu de la route :
— Ah Jésus ! comme il fait beau temps. —

J'y pensais justement, et peut-être avant elle...
Comme avec un même cœur, quoi !
Donc, je dis à mon tour : — Oh ! oui, mademoiselle,
Oui... Les vents hâlent le *norot*...

— Ah ! pour où partez-vous ? — Ah ! pour notre voyage...
— Des pays mauvais ? — Pas meilleurs...
— Pourquoi ? — Pour faire un tour, démoisir l'équipage...
Pour quelque part, et pas ailleurs :

New-York... Saint-Malo... — Que partout Dieu vous garde !
— Oh !... Le saint homme y peut s'asseoir ;
Ça n'est notre métier à nous, ça nous regarde :
Eveillatifs, l'œil au bossoir !

— Oh ! ne blasphémez pas ! Que la Vierge vous veille !

— Oui : que je vous rapporte encor
Une bonne Vierge à la façon de Marseille :
    Pieds, mains, et tête et tout, en or?...

— Votre navire est-il bon pour la mer lointaine?
    — Ah! pour ça, je ne sais pas trop,
Mademoiselle; c'est l'affaire au capitaine,
    Pas à vous, ni moi matelot.

— Mais le navire a-t-il un beau nom de baptême?
    C'est un *brick*... pour son petit nom :
Un espèce de nom de dieu... toujours le même,
    Ou de sa moitié : *Junon*...

— Je tremblerai pour vous, quand la mer se tourmente...
    — Tiens bon, va! la coque a deux bords...
On sait patiner ça! comme on fait d'une amante...
    — Mais les mauvais maux?... — Oh! des sorts !

— Je tremble aussi que vous n'oubliiez mes tendresses
    Parmi vos ines de là-bas...
— Beaux cadavres mo : oui! mais noirs et singesses...
    Et puis : voyez, la, sur mon bras :

C'est l'*Hôtel de l'Hymen*, dont *deux cœurs en gargousse*
    Tatoués à perpétuité !
Et *la petite bonne-femme en frac de mousse :*
    C'est vous, en portrait... pas flatté.

— Pour lors, c'est donc demain que vous quittez ?... — Peut-êt
    — Déjà !... — Peut-être après-demain.
— Regardez en appareillant, vers ma fenêtre :
    On fera bonjour de la main.

— C'est bon. Jusqu'au retour de n'importe où, m'amie...
    Du Tropique ou Noukahiva.
Tâchez d'être fidèle, et moi : sans avarie...
    Une autre fois mieux ! — Adieu-vat !

(Brest-Recouvrance.)

LA GOUTTE

Sous un seul hunier — le dernier — à la cape,
Le navire était soûl; l'eau sur nous faisait nappe.
— Aux pompes, faillis chiens! — L'équipage fit — non. —

— Le hunier! le hunier!...
                                 C'est un coup de canon.
Un grand froufrou de soie à travers la tourmente.

— Le hunier emporté! — C'est la fin. Quelqu'un chante. —
— Tais-toi, Lascar! — Tantôt. — Le hunier emporté!...
— Pare le foc, quelqu'un de bonne volonté!...
— Moi. — Toi, lascar? — Je chantais ça, moi, capitaine.
— Va. — Non : la goutte avant? — Non, après. — Pas la peine :
La grande tasse est là pour un coup... —
                                       Pour braver,

Quoi ! mourir pour mourir et ne rien sauver...

— Fais comme tu pourras : Coupe. Et gare à la drisse.
— Merci —

        D'un bond de singe il saute, de la lisse,
Sur le beaupré noyé, dans les agrès pendants.
— Bravo ! —

        Nous regardions, la mort entre les dents.

— Garçons, tous à la drisse ! à nous !... pare l'écoute !...
(Le coup de grâce enfin...) — Hisse ! barre au vent toute !
Hurrah ! nous abattons !... —

        Et le foc déferlé
Redresse en un clin d'œil le navire acculé.
C'est le salut à nous qui bat dans cette loque
Fuyant devant le temps ! Encor paré la coque !
— Hurrah pour le lascar ! — Le lascar ?

                              — A la mer.
— Disparu ? — Disparu — Bon, ce n'est pas trop cher.

. . . .

— Ouf ! C'est fait — Toi, Lascar ! — moi, Lascar, capitaine,
La lame m'a rincé de dessus la poulaine,
Le même coup de mer m'a ramené gratis...
Allons, mes poux n'auront pas besoin d'onguent-gris.

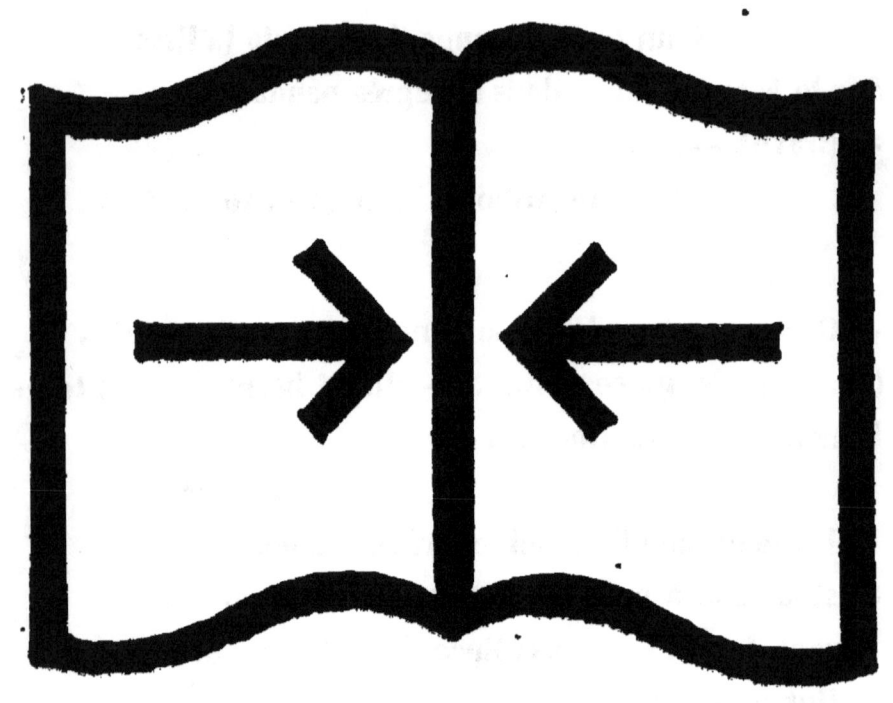

RELIURE SERREE, ABSENCE DE MARGES INTERIEURES

— Accoste, tout le monde ! Et toi, Lascar, écoute :
Nous te devons la vie... — Après? — Pour ça?... — La goutte !
Mais c'était pas pour ça, n'allez pas croire, au moins...
— Viens m'embrasser?—Attrape à torcher les grouins.
J'suis pas beau, capitain', mais, soit dit en famille,
Je vous ai fait plaisir plus qu'une belle fille?...

. . . .

Le capitaine mit, ce jour, sur son rapport :
— *Gros temps. Laissé porter. Rien de neuf à bord.* —

(A bord.)

BAMBINE

Tu dors sous les panais, capitaine Bambine
Du remorqueur havrais l'*Aimable-Proserpine*,
Qui, vingt-huit ans, fit voir au Parisien béant,
Pour vingt sous : *L'OCÉAN! L'OCÉAN!! L'OCÉAN!!!*

Train de plaisir au large. — On double la jetée —
En rade : *y a-z-un peu d'gomme...* — Une mer démontée —
Et *la cargaison* râle : — Ah! commandant! assez!
Assez, pour notre argent, de tempête! cessez! —

Bambine ne dit mot. Un bon coup de mer passe
Sur les infortunés : — Ah, capitaine! grâce!...
— C'est bon... si ces messieurs et dam's ont leur content?...
C'est pas pour mon plaisir, moi, v'sêtes mon chargement :
Pare à virer... —

    Malheur! le coquin de navire
Donne en grand sur un banc... — Stoppe! Fini de rire...
Et talonne à tout rompre, et roule bord sur bord
Balayé par la lame : — A la fin, c'est trop fort!... —

Et la *cargaison* rend des cris... rend tout! rend l'âme
Bambine fait les cent pas.
                    Un ange, une femme !
Le prend : — C'est ennuyeux ça, conducteur ! cessez
Faites-moi mettre à terre, à la fin ! — c'est assez ! —

Bambine l'élongeant d'un long regard austère·
— A terre ! q'vous avez dit ?... vous avez dit : à terre...
A terre ! pas dégoûtai !... Moi-z'aussi, foi d'mat'lot
J'voudrais ben !... attendu qu'si t'-ta-l'heure l'prim'flot
Ne soulag' pas la coque : vous et moi, mes princesses
J'bérons ben, sauf respect, la lavure éd'nos fesses ! —

Il reprit ses cent pas, tout à fait mal bordé :
— A terre !... j'crâis f..tre ben ! Les femm's !... pas dégoûté !

        (Havre-de-Grâce, La Hève. — Août.)

CAP'TAINE LEDOUX

A LA BONNE RELACHE DES CABOTEURS
VEUVE-CAPTAINE GALMICHE
CHAUDIÈRE POUR LES MARINS — COOK-HOUSE
BRANDY — LIQŒUR
— POULIAGE —

Tiens, c'est l'cap'tain' Ledoux !... eh quel bon vent vous pousse :
— Un *bon frais*, m'am'Galmiche, à fair' plier mon pouce :
R'lâchés en avarie, en rade, avec mon *lougre*...
— Auguss'! on se hiss' pas comme ça desur les g'noux
Des cap'taines !... Eh, laissez, l'chérubin ! c'est à vous ?
— Mon portrait craché hein ?... — Ah...
                      Ah ! l'vilain p'tit bougre.

(Saint-Malo-de-l'Isle.)

LETTRE DU MEXIQUE

La Vera-Cruz, 10 février.

« Vous m'avez confié le petit. — Il est mort.
« Et plus d'un camarade avec, pauvre cher être,
« L'équipage... y en a plus. Il reviendra peut-être
  « Quelques-uns de nous. — C'est le sort —

« Rien n'est beau comme ça — Matelot — pour un homme ;
« Tout le monde en voudrait à terre — C'est bien sûr.
« Sans le désagrément. Rien que ça : Voyez comme
  « Déjà l'apprentissage est dur.

« Je pleure en marquant ça, moi, vieux *Frère-la-Cote*.
« J'aurais donné ma peau joliment sans façon
« Pour vous le renvoyer... Moi, ce n'est pas ma faute :
  « Ce mal-là n'a pas de raison.

« La fièvre est ici comme Mars en carême,
« Au cimetière on va toucher sa ration.

« Le zouave a nommé ça — Parisien quand-même —
 « *La jardin d'acclimatation.* »

« Consolez-vous. Le monde y crève comme mouches.
« .. J'ai trouvé dans son sac des souvenirs de cœur :
« Un portrait de fille, et deux petites babouches,
 « Et : marqué — *Cadeau pour ma sœur*. —

« Il fait dire à *maman* : qu'il a fait sa prière.
« Au père ; qu'il serait mieux mort dans un combat.
« Deux anges étaient là sur son heure dernière :
 « Un matelot. Un vieux soldat. »

Toulon, 24 mai.

LE MOUSSE

Mousse : il est donc marin, ton père !...
— Pêcheur. Perdu depuis longtemps,
En découchant d'avec ma mère,
Il a couché dans les brisants...

Maman lui garde au cimetière
Une tombe — et rien dedans. —
C'est moi son mari sur la terre,
Pour gagner du pain aux enfants

Deux petits. — Alors, sur la plage,
Rien n'est revenu du naufrage ?...
— Son garde-pipe et son sabot...

La mère pleure, le dimanche,
Pour repos... Moi : j'ai ma revanche
Quand je serai grand — matelot ! —

(Baie des Trépassés.)

AU VIEUX ROSCOFF

Berceuse en Nord-Ouest mineur

Trou de flibustiers, vieux nid
A corsaire! — dans la tourmente,
Dors ton bon somme de granit
Sur tes caves que le flot hante...

Ronfle à la mer, ronfle à la brise;
Ta corne dans la brume grise,
Ton pied marin dans les brisans...
— Dors : tu peux fermer ton œil borgne
Ouvert sur le large, et qui lorgne
Les Anglais, depuis trois cents ans.

— Dors, vieille coque bien ancrée;
Les margats et les cormorans
Tes grands poètes d'ouragans
Viendront chanter à la marée...

— Dors, vieille fille à matelots;
Plus ne te soûleront ces flots
Qui te faisaient une ceinture
Dorée, aux nuits rouges de vin,
De sang, de feu! — Dors... Sur ton sein
L'or ne fondra plus en friture.

— Où sont les noms de tes amants...
— La mer et la gloire étaient folles! —
Noms de lascars! noms de géants!
Crachés des gueules d'espingoles...

Où battaient-ils, ces pavillons,
Echarpant ton ciel en haillons!...
— Dors au ciel de plomb sur tes dunes...
Dors : plus ne viendront ricocher
Les boulets morts, sur ton clocher
Criblé — comme un prunier — de prunes...

— Dors : sous les noires cheminées.
Ecoute rêver tes enfants,
Mousses de quatre-vingt-dix ans,
Epaves des belles années...

. . . .

Il dort ton bon canon de fer,
A plat-ventre aussi dans sa souille,
Grêlé par les lunes d'hyver...
Il dort son lourd sommeil de rouille.
— Va: ronfle au vent, vieux ronfleur,
Tiens toujours ta gueule enragée
Braquée à l'Anglais!... et chargée
De maigre jonc-marin en fleur.

(Roscoff. — Décembre.)

LE DOUANIER

Élégie de corps-de-garde à la mémoire des douaniers
gardes-côtes
mis à la retraite le 30 novembre 1869

Quoi, l'on te fend l'oreille ! est-il vrai qu'on te rogne,
Douanier?... Tu vas mourir et pourrir sans façon,
Gablou?.. — Non ! car je vais t'empailler — Qui qu'en grogne ! —
Mais, sans te déflorer : avec une chanson ;
Et te coller ici, boucané de mes rimes.
Comme les varechs secs des herbiers maritimes.

— Ange-gardien culotté par les brises,
Pénate des falaises grises,
Vieux oiseau salé du bon Dieu
Qui flânes dans la tempête,
Sans auréole à la tête,
Sans aile à ton habit bleu !..

Je t'aime, modeste amphibie

Et ta bonne trogne d'amour,
Anémone de mer fourbie
Épanouie à mon *bonjour!*...
Et j'aime ton *bonjour*, brave homme,
Roucoulé dans ton estomac,
Tout gargarisé de rogomme
Et tanné de jus de tabac!
J'aime ton petit corps de garde
Haut perché comme un goéland
      Qui regarde
Dans les quatre aires-de-vent.

Là, rat de mer solitaire,
Bien loin du contrebandier
Tu rumines ta chimère :
— Les galons de brigadier! —

Puis un petit coup-de-blague
Doux comme un demi-sommeil...
Et puis bâiller à la vague,
Philosopher au soleil...

La nuit, quand fait la rafale
La chair-de-poule au flot pâle,

Hululant dans le roc noir...
Se promène une ombre errante ;
Soudain : une pipe ardente
Rutile... — Ah ! douanier, bonsoir.

. . . .

— Tout se trouvait en toi, bonne femme cynique ;
Brantôme, Anacréon, Barème et le Portique ;
Homère-troubadour, vieille Muse qui chique !
Poète trop senti pour être poétique !...
— Tout : sorcier, sage-femme et briquet phosphorique,
Rose-des-vents, sacré gui, lierre bacchique,
Thermomètre à l'alcool, coucou droit à musique,
Oracle, écho, docteur, almanach, empirique,
Curé voltairien, huître politique...
— Sphinx d'assiette d'un sou, ton douanier souvenir
Lisait le bordereau même de l'avenir !

— Tu connaissais Phœbé, Phébus, et les marées...
Les amarres d'amour sur les grèves ancrées
Sous le vent des rochers ; et tout amant fraudeur
Sous ta coupe passait le colis de son cœur...
— Tu reniflais le temps, quinze jours à l'avance,
Et les noces : neuf mois... et l'état de la France

Tu savais tous les noms, les cancans d'alentour,
Et de terre et de mer, et de nuit et de jour!...

Je te disais ce que je savais écrire...
Et nous nous comprenions — tu ne savais pas lire —
Mais ta philosophie était un puits profond
Où j'aimais à cracher, rêveur... pour faire un rond.

. . . .

Un jour — ce fut ton jour! — Je te vis redoutable:
    Sous ton bras fiévreux cahotait la table
    Où nageait, épars, du papier timbré;
    La plume crachait dans tes mains alertes
    Et sur ton front noir, tes lunettes vertes
    Sillonnaient d'éclairs ton nez cabré...

  — Contre deux rasoirs d'Albion perfide,
  Nous verbalisions! tu verbalisais!
  « *Plus les deux susdits... dont un baril vide...* »
  J'avais composé, tu repolissais...

. . . .

— Comme un songe passés, douanier, ces jours de fête!
Fais valoir maintenant tes droits à la retraite...

— Brigadier, brigadier, vous n'avez plus raison !
— Plus de longue journée à gratter l'horizon,
Plus de sieste au soleil, plus de pipe à la lune,
Plus de nuit à l'affût des lapins sur la dune...
Plus rien, quoi !... que *la goutte* et le ressouvenir...
— Ah ! pourtant : tout cela c'est bien vieux pour finir !

— Va, lézard démodé ! Faut passer, mon vieux type ;
Il faut te voir t'éteindre et s'éteindre ta pipe...
Passer, ta pipe et toi, parmi les vieux culots :
L'administration meurt, faute de ballots !...

Telle que, sans rosée, une sombre pervenche
Se replie, en closant sa corolle qui penche...
Telle, sans contrebande, on voit se replier
La capote gris-bleu, corolle du douanier !...

Quel sera désormais le terme du problème :
— L'ennui contemplatif divisé par lui-même ? —
Quel balancier rêveur fera donc les cent pas,
  Poète, sans savoir qu'il ne s'en doute pas...
Qui ? sinon le douanier. — Hélas, qu'on me le rende !
Dussé-je pour cela faire la contrebande...

. . . .
— Non : fini !... réformé ! Va, l'oreille fendue,
Rendre au gouvernement ta pauvre âme rendue...
Rends ton gabion, rends tes *Procès-verbaux divers*;
Rends ton bancal, rends tout, rends ta chique !...
Et mes vers.

(Roscoff. — Novembre.)

LE NAUFRAGEUR

Si ce n'était pas vrai — Que je crève!
. . . .
J'ai vu dans mes yeux, dans mon rêve,
La NOTRE-DAME DES BRISANS
Qui jetait à ses pauvres gens
Un gros navire sur leur grève...
Sur la grève des Kerlouans
Aussi goélands que les goélands.

Le sort est dans l'eau : le cormoran nage,
Le vent bat en côte, et c'est le *Mois Noir*..
Oh! moi je sens bien de loin le naufrage!
Moi j'entends là-haut chasser le nuage.
Moi je vois profond dans la nuit, sans voir!

Moi je siffle quand la mer gronde,
Oiseau de malheur à poil roux!...

J'ai promis aux douaniers de ronde,
Leur part, pour rester dans leurs trous...
Que je sois seul ! — oiseau d'épave
Sur les brisans que la mer lave...

. . . .

Oiseau de malheur à poil roux !

— Et qu'il vente la peau du diable !
Je sens ça déjà sous ma peau.
La mer moutonne !... — Ho, mon troupeau !
— C'est moi le berger, sur le sable...

L'enfer fait l'amour. —Je ris comme un mort—
Sautez sous le *Hû !*... le *Hû* des rafales,
Sur les *noirs taureaux sourds, blanches cavales !*
Votre écume à moi, *cavales d'Armor !*
Et vos crins au vent !...—Je ris comme un mort—

Mon père était un vieux *saltin*,
Ma mère une vieille *morgate*...
Une nuit, sonna le tocsin :
— Vite à la côte : une frégate ! —
... Et dans la nuit, jusqu'au matin,
Ils ont tout rincé la frégate...

— Mais il dort mort le vieux *saltin*[1],
Et morte la vieille *morgate*[2]...
Là-haut, dans le paradis saint
Ils n'ont plus besoin de frégate.

(Banc de Kerlouan. — Novembre.)

[1] *Saltin* : pilleur d'épaves.
[2] *Morgate* : pieuvre.

A MON COTRE LE NÉGRIER

Vendu sur l'air de : *Adieu, mon beau Navire!...*

Allons file, mon côtre !
Adieu mon Négrier.
Va, file aux mains d'un autre
Qui pourra te noyer...

Nous n'irons plus sur la vague lascive
Nous giter en fringuant !
Plus nous n'irons à la molle dérive
Nous rouler en rêvant...

— Adieu, rouleur de côtre,
Roule mon Négrier,
Sous les pieds plats de l'autre
Que tu pourras noyer.

Va ! nous n'irons plus rouler notre bosse...
Tu cascadais fourbu ;

Les coups de mer arrosaient notre noce,
    Dis : en avons-nous bu !...

    — Et va, noceur de côtre !
    Noce, mon Négrier !
    Que sur ton pont se vautre
    Un noceur perruquier.

... Et, tous les crins au vent, nos chaloupeuses
    Ces vierges à sabords !
Te patinant dans nos courses mousseuses !...
    Ah ! c'étaient les bons bords !...

    — Va, pourfendeur de lames,
    Pourfendre, ô Négrier !
    L'estomac à des dames
    Qui *paîront leur loyer*.

... Et sur le dos rapide de la houle,
    Sur le roc au dos dur,
A toc de toile allait ta coque soûle...
    — Mais toujours d'un œil sûr ! —

— Va te soûler, mon côtre :
A crever ! Négrier.
Et montre bien à l'autre
Qu'on savait louvoyer.

.. Il faisait beau quand nous mettions en panne,
Vent-dedans vent-dessus ;
Comme on pêchait !... Va : je suis dans la panne
Où l'on ne pêche plus.

— La mer jolie est belle
Et les brisans sont blancs...
Penché, trempe ton aile
Avec les goélands !...

Et cingle encor de ton fin mat-de-flèche,
Le ciel qui court au loin.
Va ! qu'en glissant, l'algue profonde lèche
Ton ventre de marsouin !

— Va, sans moi, sans ton âme
Et saille de l'avant !..
Plus ne battras ma flamme
Qui chicanait le vent.

Que la risée enfle encore ta *Fortune*[1]
 En bandant tes agrès !
— Moi : plus d'agrès, de lest, ni de fortune..
 Ni de risée après !

... Va-t'en, humant la brume
Sans moi, prendre le frais,
Sur la vague de plume...
Va ! — Moi j'ai trop de frais. —

Légère encor est pour toi la rafale
 Qui frisotte la mer !
Va... — Pour moi seul, rafalé, la rafale
 Soulève un flot amer !...

— Dans ton âme de côtre,
Pense à ton matelot
Quand, d'un bord ou de l'autre,
Remontera le flot...

[1] Large voile de beau temps.

— Tu peux encor échouer ta carène
 Sur l'humide varech ;
Mais moi j'échoue aux côtes de la gêne,
 Faute de fond — à sec —

(Roscoff. — Août.)

LE PHARE

Phœbus, de mauvais poil, se couche,
    Droit sur l'écueil :
S'allume le grand borgne louche,
    Clignant de l'œil.

Debout, Priape d'ouragan,
    En vain le lèche
La lame de rut écumant...
    — Il tient sa mèche.

Il se mâte et rit de sa rage,
    Bandant à bloc ;
Fier bout de chandelle sauvage
    Plantée au roc !

— En vain, sur sa tête chenue,
    D'amont, d'aval,
Caracole et s'abat la nue,
    Comme un cheval...

— Il tient le lampion au naufrage,
Tout en rêvant,
Casse la mer, crève l'orage,
Siffle le vent,

Ronfle et vibre comme une trompe,
— Diapason
D'Éole — Il se peut bien qu'il rompe,
Mais plier, — non. —

Sait-il son Musset : A la brune
Il est jauni
Et pose juste pour la lune
Comme un grand I.

... Là, gît debout une vestale
— C'est l'allumoir —
Vierge et martyre (sexe mâle)
— C'est l'éteignoir. —

Comme un lézard à l'eau-de-vie
Dans un bocal,
Il tirebouchonne sa vie
Dans ce fanal.

Est il philosophe ou poëte?...
— Il n'en sait rien. —
Lunatique ou simplement bête?...
— Ça se vaut bien. —

Demandez-lui donc s'il chérit
Sa solitude?
— S'il parle, il répondra qu'il vit...
Par habitude.

. . . .

— Oh! que je voudrais là, Madame,
Tous deux!... — veux-tu? —
Vivre, dent pour œil, corps pour âme!...
— Rêve pointu. —

Vous percheriez dans la lanterne :
Je monterais...
— Et moi : ci-gît, dans la citerne..
— Tu descendrais. —

Dans le boyau de l'édifice
Nous promenant,

Et, dans *le feu* — sans artifice —
Nous rencontrant.

Joli ramonage... et bizarre,
Du haut en bas !
Entre nous... l'érection du phare
N'y tiendrait pas...

(*Les Triagots*. — Mai.)

LA FIN

> Oh! combien de marins, combien de capitaines
> Qui sont partis joyeux pour des courses lointaines
> Dans ce morne horizon se sont évanouis!...
> . . . .
>
> Combien de patrons morts avec leurs équipages!
> L'Océan, de leur vie a pris toutes les pages,
> Et, d'un souffle, il a tout dispersé sur les flots.
> Nul ne saura leur fin dans l'abîme plongée...
> . . . .
>
> Nul ne saura leurs noms, pas même l'humble pierre,
> Dans l'étroit cimetière où l'écho nous répond,
> Pas même un saule vert qui s'effeuille à l'automne,
> Pas même la chanson plaintive et monotone
> D'un aveugle qui chante à l'angle d'un vieux pont.
> (V. Hugo. — *Oceano nox.*)

Eh bien, tous ces marins — matelots, capitaines,
Dans leur grand Océan à jamais engloutis...
Partis insoucieux pour leurs courses lointaines
Sont morts — absolument comme ils étaient partis.

Allons! c'est leur métier; ils sont morts dans leurs bottes!
Leur *boujaron*¹ au cœur, tout vifs dans leurs capotes...
— *Morts*... Merci : la *Camarde* a pas le pied marin ;
Qu'elle couche avec vous : c'est votre bonne-femme...
— Eux, allons donc : Entiers! enlevés par la lame!
        Ou perdus dans un grain...

Un grain... est-ce la mort, ça? La basse voilure
Battant à travers l'eau! — Ça se dit *encombrer*...
Un coup de mer plombé, puis la haute mâture
Fouettant les flots ras — et ça se dit *sombrer*.

— Sombrer. — Sondez ce mot. Votre *mort* est bien pâle
Et pas grand'chose à bord, sous la lourde rafale...
Pas grand'chose devant le grand sourire amer
Du matelot qui lutte. — Allons donc, de la place! —
Vieux fantôme éventé, la Mort change de face :
        La Mer!...

Noyés? — Eh allons donc! Les *noyés* sont d'eau douce,
— Coulés! corps et biens! Et, jusqu'au petit mousse,
Le défi dans les yeux, dans les dents le juron!
A l'écume crachant une chique râlée,

¹ *Boujaron* : ration d'eau-de-vie.

Buvant sans hauts-de-cœur *la grand' tasse salée...*
— Comme ils ont bu leur boujaron. —

. . . .

— Pas de fond de six pieds, ni rats de cimetière :
Eux ils vont aux requins! L'âme d'un matelot
Au lieu de suinter dans vos pommes de terre,
Respire à chaque flot.

— Voyez à l'horizon se soulever la houle;
On dirait le ventre amoureux
D'une fille de joie en rut, à moitié soûle...
Ils sont là! — La houle a du creux. —

— Ecoutez, écoutez la tourmente qui beugle!...
C'est leur anniversaire. — Il revient bien souvent. —
O poète, gardez pour vous vos chants d'aveugle;
— Eux : le *De profundis* que vous corne le vent.

... Qu'ils roulent infinis dans les espaces vierges!...
Qu'ils roulent verts et nus,
Sans clous et sans sapin, sans couvercle, sans cierges...
— Laissez-les donc rouler, *terriens* parvenus!

(A bord. — 11 février.)

RONDELS POUR APRÈS

SONNET POSTHUME

Dors : ce lit est le tien... Tu n'iras plus au nôtre.
— Qui dort dîne. — A tes dents viendra tout seul le foin.
Dors : on t'aimera bien — L'aimé c'est toujours l'Autre...
Rêve : La plus aimée est toujours la plus loin...

Dors : on t'appellera beau décrocheur d'étoiles !
Chevaucheur de rayons !... quand il fera bien noir ;
Et l'ange du plafond, maigre araignée, au soir,
— Espoir — sur ton front vide ira filer ses toiles.

Museleur de voilette ! un baiser sous le voile
T'attend... on ne sait où : ferme les yeux pour voir.
Ris : les premiers honneurs t'attendent sous le poêle.

On cassera ton nez d'un bon coup d'encensoir,
Doux fumet ! pour la trogne en fleur, pleine de moelle
D'un sacristain très bien, avec son éteignoir.

16.

RONDEL

Il fait noir, enfant, voleur d'étincelles !
Il n'est plus de nuits, il n'est plus de jours ;
Dors... en attendant venir toutes celles
Qui disaient : Jamais ! Qui disaient : Toujours !

Entends-tu leurs pas ?.. Ils ne sont pas lourds :
Oh ! les pieds légers ! — l'Amour a des ailes...
Il fait noir, enfant, voleur d'étincelles !

Entends-tu leurs voix ?... Les caveaux sont sourds.
Dors : il pèse peu, ton faix d'immortelles :
Ils ne viendront pas, tes amis les ours,
Jeter leur pavé sur les demoiselles :
Il fait noir, enfant, voleur d'étincelles !

DO, L'ENFANT DO...

Buena vespre ! *Dors : Ton bout de cierge*..
On l'a posé là, puis on est parti.
Tu n'auras pas peur seul, pauvre petit ?..
C'est le chandelier de ton lit d'auberge.

Du fesse-cahier ne crains plus la verge,
Va !... De t'éveiller point n'est si hardi.
Buona sera ! *Dors : Ton bout de cierge*...

Est mort. — Il n'est plus ici, de concierge :
Seuls, le vent du nord, le vent du midi
Viendront balancer un fil-de-la-Vierge.
Chut ! Pour les pieds-plats, ton sol est maudit.
—.Buona nocte ! *Dors : Ton bout de cierge*...

MIRLITON

Dors d'amour, méchant ferreur de cigales !
Dans le chiendent qui te couvrira
La cigale aussi pour toi chantera,
Joyeuse, avec ses petites cymbales.

La rosée aura des pleurs matinales ;
Et le muguet blanc fait un joli drap...
Dors d'amour, méchant ferreur de cigales

Pleureuses en troupeaux passeront les rafales...

La Muse camarde ici posera,
Sur ta bouche noire encore elle aura
Ces rimes qui vont aux moelles des pâles...
Dors d'amour, méchant ferreur de cigales.

PETIT MORT POUR RIRE

Va vite, léger peigneur de comètes !
Les herbes au vent seront tes cheveux ;
De ton œil béant jailliront les feux
Follets, prisonniers dans les pauvres têtes...

Les fleurs de tombeau qu'on nomme Amourettes
Foisonneront plein ton rire terreux...
Et les myosotis, ces fleurs d'oubliettes...

Ne fais pas le lourd : cercueils de poètes
Pour les croque-morts sont de simples jeux,
Boîtes à violon qui sonnent le creux...
Ils te croiront mort — Les bourgeois sont bêtes —
Va vite, léger peigneur de comètes !

MALE-FLEURETTE

Ici reviendra la fleurette blême
Dont les renouveaux sont toujours passés...
Dans les cœurs ouverts, sur les os lassés,
Une folle brise, un beau jour, la sème...

On crache dessus ; on l'imite même,
Pour en effrayer les gens très sensés...
Ici reviendra la fleurette blême.

— Oh ! ne craignez pas son humble anathème
Pour vos ventres mûrs, Cucurbitacés !
Elle connaît bien tous ses trépassés !
Et, quand elle tue, elle sait qu'on l'aime...
— C'est la mâle fleur, la fleur de bohême. —

Ici reviendra la fleurette blême.

A MARCELLE

LA CIGALE ET LE POÈTE

Le poète ayant chanté,
             Déchanté,
Vit sa Muse presque bue,
Rouler en bas de sa nue
De carton, sur des lambeaux
De papiers et d'oripeaux.
Il alla coller sa mine
Aux carreaux de sa voisine,
Pour lui peindre ses regrets
D'avoir fait — Oh pas exprès ! —
Son honteux monstre de livre !...

— Mais : vous étiez donc ivre ?
— Ivre de vous !... Est-ce mal ?
— Ecrivain public banal !
Qui pouvait si bien le dire...
Et, si bien ne pas l'écrire !
— J'y pensais, en revenant...
On n'est pas parfait, Marcelle..
— Oh ! c'est tout comme, dit-elle,
Si vous chantiez, maintenant !

FIN

TABLE

Préface.

A MARCELLE

Le Poëte et la Cigale. 1
ÇA. 3
PARIS 5
ÉPITAPHE. 13

LES AMOURS JAUNES

A l'Éternel Madame 19
Féminin singulier 20
Bohême de chic. 21
Gente Dame. 25
Un Sonnet 28
Sonnet à sir Bob 29
Steam-Boat 30
Pudentiane 33

Après la pluie	34
A une Rose	39
A la mémoire de Zulma.	42
Bonne fortune et fortune.	44
A une Camarade	45
Un jeune qui s'en va.	48
Insomnie.	54
La pipe au Poète	57
Le crapaud	59
Femme	60
Duel aux camélias.	63
Fleur d'art	64
Pauvre garçon	65
Déclin.	66
Bonsoir	67
Le poète contumace	68

SÉRÉNADE DES SÉRÉNADES

Sonnet de nuit.	79
Guitare	80
Rescousse.	82
Toit	84
Litanie	85
Chapelet	86
Élizir d'Amor	87
Vénerie	90
Vendetta	91
Heures	93

Chanson en *si*	91
Portes et fenêtres	97
Grand opéra	98
Pièce à carreaux	103

RACCROCS

Laisser-courre	109
A ma jument Souris	113
A la douce amie	115
A mon chien Pope	117
A un Juvénal de lait	119
A une demoiselle pour piano	120
Décourageux	121
Rapsodie du sourd	124
Frère et sœur jumeaux	128
Litanie du sommeil	131
Idylle coupée	140
Le convoi du pauvre	146
Déjeuner de soleil	148
Veder Napoli	151
Vésuves et Cⁱᵉ	154
Sonèto à Napoli	156
A l'Etna	157
Le Fils de Lamartine et de Graziella	159
Libertà	163
Hidalgo!	168
Paria	170

ARMOR

Paysage mauvais 177
Nature morte 178
Un riche en Bretagne. 179
Saint Tupetu de Tu-pe-tu 182
La rapsode foraine. 186
Cris d'aveugle 200
La pastorale de Conlie. 204

GENS DE MER

Point n'ai fait un tas d'océans. 211
Matelots. 213
Le bossu Bitor 220
Le renégat 234
Aurora 236
Le novice en partance et sentimental. . . 239
La goutte 246
Bambine. 249
Cap'taine Ledoux 251
Lettre du Mexique. 252
Le mousse 254
Au vieux Roscoff. 255
Le douanier. 258
Le naufrageur 264
A mon côtre Le Négrier. 267
Le phare. 272
La fin. 276

RONDELS POUR APRÈS

Sonnet posthume 281
Rondel 282
Do, l'enfant, do. 283
Mirliton 284
Petit mort pour rire. 285
Male-Fleurette. 286

A MARCELLE

La Cigale et le poète. 287

TROYES, IMPRIMERIE DE CHARLES BÉRISSEY

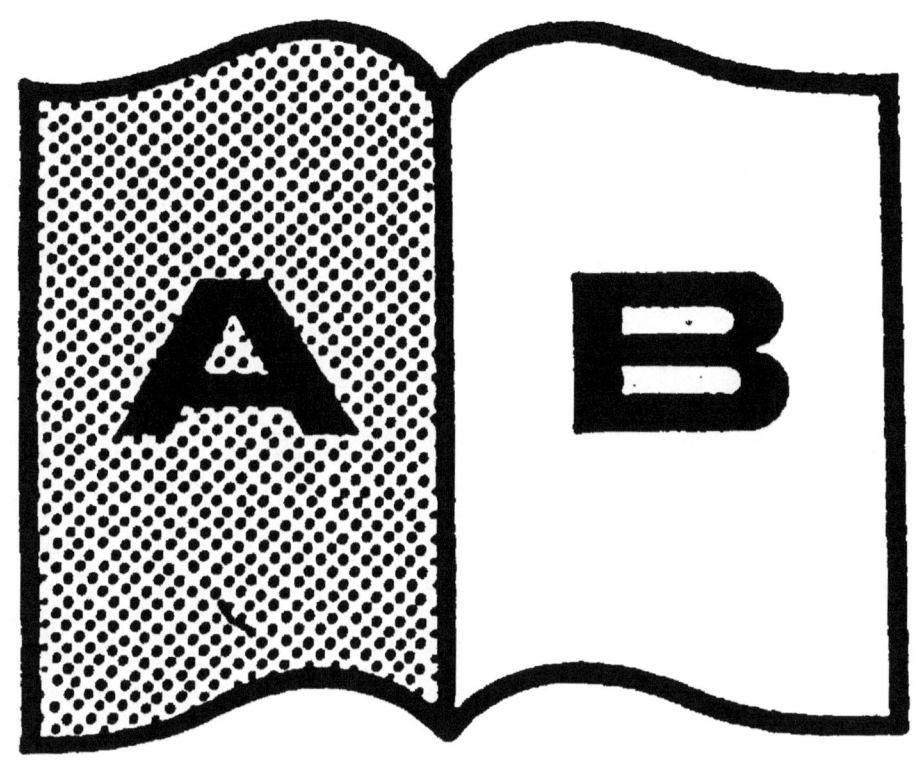

CONTRASTE INSUFFISANT

Librairie LÉON VANIER, 19, quai Saint-Michel, Paris
Envoi franco contre timbres-poste ou mandat

JULES LAFORGUE

Les Complaintes. . . . . 3 »
Imitation de Notre-Dame-la-Lune. . . . . 3 »
Moralités légendaires, 6 contes en prose. . . . 6 »

PAUL VERLAINE

ŒUVRES. — *Vers*. Poèmes saturniens. — La Bonne chanson. — Fêtes galantes. — Romances sans paroles. — Sagesse. — Jadis et Naguère. — Amour. — Parallèlement, chaque volume. . . . . 3 »
Bonheur. 3 50
Prose. — Les Poètes maudits. — Louise Leclercq. — Mémoires d'un veuf. — Mes Hôpitaux, chaque vol. 3 50

STÉPHANE MALLARMÉ

L'Après-midi d'un faune, églogue, avec illustrations de MANET, plaquette d'art sur japon. . . . . . . 5 »
Poèmes d'Edgar Poe, traduction française, avec 9 dessins de MANET, magistral in-8° de luxe. . . . . . 10 »

JEAN MORÉAS

Les Cantilènes. 3 50
Le Pèlerin passionné. 3 50

J.-K. HUYSMANS

Croquis Parisiens, eau-forte avec portrait . . . 6 »

HENRI DE RÉGNIER

Épisodes, sites et sonnets, 1 volume. 3 50

VIELÉ-GRIFFIN

Les Cygnes, nouveaux poèmes. 3 50

ARTHUR RIMBAUD

Poèmes. 3 50

STUART MERRILL

Les Gammes. . . . . 3 »
Les Fastes. . . . . 3 »

PAUL KALIG

Amour de Chio. . . . . » 50

ÉVREUX, IMPRIMERIE DE CHARLES HÉRISSEY

www.ingramcontent.com/pod-product-compliance
Lightning Source LLC
Chambersburg PA
CBHW050803170426
43202CB00013B/2537